▌▌ 前言

本书站在小微企业经营者的角度，分析了抖音的商业模式、账号运营以及变现方法，以深入浅出的方式分享给大家。只要大家按照这个思路去摸索，应该不会让你失望。

我开始会想：短视频每天的变化都很大，一些内容会不会过时？研究后发现——万变不离其宗。我每天都花大量时间研究短视频，也经常和短视频创业者交流探讨，同时我的团队成员也每天都在实操，利用短视频把我们的产品卖到全国各地实现视频变现的目标。我把这些经验和观点进行总结，以文字和图片的形式分享给大家，这比看那些零碎的视频教学要具体、详细。

商业的本质是买卖。商业发展到今天，我们买卖的方式已经发生了转变，从原来的集市、商场到线上的互联网，再到现在的直播。但其本质并没有发生变化，我们的最终目的还是要把产品卖出去。最后实现产品或者服务的变现，这当中只是卖家跟买家的交易方式、沟通形式发生了改变。

传统的生意是一对一的销售，现在的生意是，一对多、多对多的销售。我认为现在电商的团购、拼购，都没有直播来得猛烈来得更刺激。

在物质丰富的今天，产品显然供大于求了。互联网的发展打通了信息的闭塞，但凡你想购买的产品和服务在互联网上都能找到答案：找到原材料的成本，找到客户对服务的评价，产品的优缺点等。很多实体店受到了电商的冲击，这对他们影响确实很大，他们的利润变得越来越透明。

但是现在的电商创业者也是叫苦连天，因为获客的成本不断增加。电商平台的一个品类，只有头部卖家日子好过一点，很多腰部和尾部卖家也是苦不堪言。我本人也刚好有这方面的经历。从线下开实体店，到线上做电商，也算是抓住了电商的红利期。在线下开实体店是拼实力，其实，在线上做电商何尝不是拼实力？我们作为小微创业者，缺的就是资金、品牌、团队。

因此，我们要做的就是差异化的产品和服务。做大佬们不愿意做，或者他们不好做的，还有就是他们做不来的，这一点很重要。同样，在抖音短视频直播领域也是一样的。

若干年前我们就一直这么说："要做到人无我有、人有我优、人优我特、人特我精。"这其实讲的就是差异化，要避开跟大企业、大品牌的竞争。在做短视频时，这一点尤为重要。

做好短视频直播很重要的一点就是供应链的产品差异化和个人标签化。如果你的视频产品解说平平淡淡，人物形象也很普通，那很难做好短视频。我们说的要有超强的独特的个人 IP 其实就是在某个领域有着独特的符号。

短视频的个人 IP 指的是个人形象，包括：发型、面部表情、服装、道具、肢体语言、口语表达能力、你要表达的内容（你的价值观）以及你在某个领域的专业知识等，这些形成了你独特的个人标签。

7天学会抖音

张锦昆 —— 编著

新华出版社

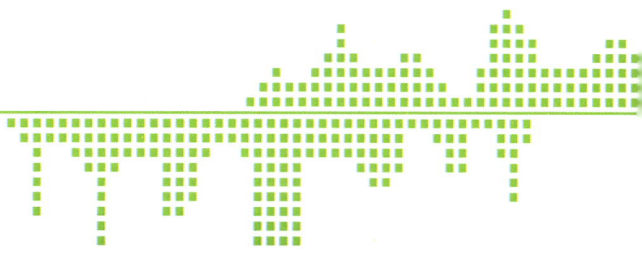

图书在版编目（CIP）数据

7 天学会抖音 / 张锦昆编著.
— 北京：新华出版社 ,2022.1
ISBN 978–7–5166–6175–8

Ⅰ . ① 7… Ⅱ . ① 张… Ⅲ . ① 网络营销 Ⅳ.
① F713.365.2

中国版本图书馆 CIP 数据核字 (2022) 第 014992 号

7 天学会抖音

作　　者：张锦昆

责任编辑：蒋小云　　　　　　　　　　封面设计：梦　乡

出版发行：新华出版社
地　　址：北京石景山区京原路 8 号　　邮　　编：100040
网　　址：http://www.xinhuapub.com　　http://press.xinhuanet.com
经　　销：新华书店
购书热线：010-63077122　　　　　　　中国新闻书店购书热线：010-63072012

照　　排：中版图
印　　刷：炫彩（天津）印刷有限责任公司
成品尺寸：170mm × 240mm
印　　张：14.75　　　　　　　　　字　　数：227 千字
版　　次：2022 年 1 月第一版　　　　印　　次：2022 年 1 月第一次印刷
书　　号：ISBN 978-7-5166-6175-8
定　　价：90.00 元

　　普通人通过在平台上创作短视频吸引大量的粉丝关注，形成个人 IP，比如大 LOGO、散打哥、田姥姥、普陀山小帅、康仔农人、papi 酱、毛毛姐、摩登兄弟、李子柒等。这些个体创业者通过一点一滴的积累去塑造自己的形象，在绝对垂直的领域、极度专注，形成辨识度极高的 IP。并且在某个领域垂直用户群中拥有较大的决策影响力，能够带动其他潜在消费者的购买行为。

　　如果人物形象太普通、没有个人特点，内容再没有深度，那么就很难让刷短视频的粉丝去关注你，更难达到后面的成交变现。

　　做生意其实就是做人的生意，那么常说的人设就是这个意思，我们要在抖音里做哪一类人的生意？我们怎样让这一类人群喜欢上我们？我们要以怎样的产品价位，怎样的服务去促成生意的变现？

　　希望我的分享能给你一些启发。

‖ 序言：抖音——不仅仅是记录美好生活

抖音目前是大多数人生活中的一个重要部分。你身边的人每天花多长时间关注抖音？

抖音短视频，是由"字节跳动"孵化的一款音乐创意短视频社交软件，该软件于 2016 年 9 月上线，是一个面向全年龄的音乐短视频社区平台。用户可以通过这款软件选择歌曲，拍摄音乐短视频，形成自己的作品，系统会根据用户的喜好，给用户推荐感兴趣的视频。抖音吸引了大部分人的参与。现在的抖音短视频绝不是一个社交软件那么简单，更是商业的一次变革。

从商业的角度来看，抖音正在自己的商业版图上一步一步地布局，"字节跳动"通过控股获得武汉合众易宝科技有限公司那张梦寐以求的支付牌照，意味着抖音电商时代已经来临。

人们的购物和娱乐生活因为抖音发生了翻天覆地的变化。电商不仅有淘宝、京东、拼多多，抖音也强势登场了。

目前，抖音的日活用户达到 6 亿人次，有人就注定有商业。从传统的电商图文时代到短视频直播，又是一次商业大迁移。

一个头部网红所创作的价值甚至超越一家千人的上市公司。明星带货，网红带货，甚至连小商小贩都已经开始运用短视频和直播带货，将各种各样的产品销售到全国。直播势头已经远远超越电商的销售能力。

所见即所得的商业模式正在不知不觉中威胁着还没有看清，没有入局的传统行业。

抖音是一个 App，更是一个巨大的流量平台，所有行业都可以在抖音上重新再做一遍。

通过短视频和直播，可以找到你的目标客户，向他们展示你的工厂、生产基地、产品及服务。

如果我们到今天还认为抖音只是一个娱乐平台，那就大错特错了。我们甚至会因为这个错误的认知而错过这个时代。

短视频的出现，使大量企业再次获得更多的曝光机会，同时商业模式继电商之后，再一次被改写。

我们常说，商场如战场。短视频直播时代又将是一个充满硝烟的战场。毫不夸张地说，未来每个企业都将会涉及和运营短视频，运用这一商业战略提升企业的核心竞争力。

抖音是一个平台，有平台规则，有平台玩法。电商对实体销售企业确实产

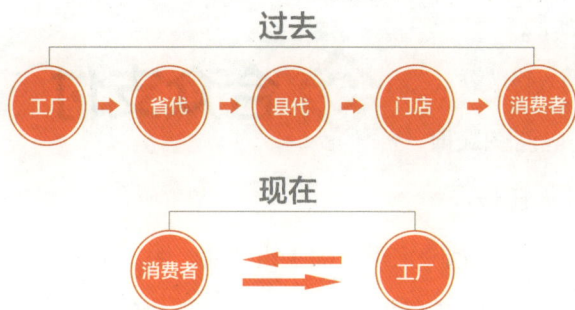

生了巨大的冲击，因为现在信息越来越透明，加上快递、物流行业的发展，加快了产品的流通环节，很多产品都已经能直接从工厂到消费者手中，形成了 TOC 商业模式。传统的省级代理、县级代理的中间环节被取代，C2F(消费者通过互联网向工厂定制个性商品的一种新型网上购物行为)，按需生产的时代已经来临，大大降低了工厂的生产成本以及资金成本。

从传统的一对一的销售到直播一对多的销售模式，让很多小工厂、小企业有了更多的机会。

那么在短视频时代，如何有效运用抖音短视频这个工具，如何实现企业商业模式的更新迭代，如何做好短视频和直播，是每一个中小企业主迫在眉睫的事情。

商业从来就不是一成不变的，商业的魅力和机会又恰恰是在变化中寻求的。

作者从创业者角度，提炼总结了这本《7 天学会抖音》。不足之处还有很多，希望与更多的创业者一起探讨交流，将短视频直播工具用好，实现企业盈利。

也祝愿所有的创业者，中小微企业能够在短视频直播时代取得更大的成功。

最后，特别感谢我的家人，感谢我的太太和孩子，本书献给你们。

目 录 / Contents

对于抖音来说一切行业都
是游戏业。你可以像玩游戏一
样把你的目标人群吸引住，只
要你足够真实，足够专业，足
够优秀，秀出你自己，秀出你
的产品，秀出你的服务，就能
取得不错的成就。

现在，开始你的抖音吧。

Chapter 1
为什么要做好抖音 / 001

003 / 为什么要做好短视频和直播
008 / 短视频和直播意味着什么
017 / 抖音流量逻辑

无论是做哪种内容，在创
作之前我们最好有一个方向定
位，如何找到这个方向，先要
看自己对哪个方面更感兴趣，
自己擅长什么，根据你自己的
擅长点或者兴趣爱好来做选择，
当然也要从内容本身出发，明
白自己是否是真的合适，不能
脑袋一热就开始做，要理性地
对自己和内容进行分析。

Chapter 2
定位 / 023

025 / 确定定位
034 / 找到对标账号
038 / 短视频内容为王
046 / 启动账号
050 / 巧用关键词
056 / 做抖音算法的话题关键词

"人"是指卖货的人和买
货的人在直播间相遇，通过直
播的讲解让买货的人产生信任。

"货"就是超出买货人的
预期的产品。

"场"就是你的视频或者
直播间的氛围。

Chapter 3
抖音的人、货、场 / 061

063 / 抖音"兴趣电商"的人、货、场
068 / 人
075 / 货
077 / 场

抖音短视频作品的作用是
为直播间引流，但这又不是绝
对的关系。不是你的粉丝多，
作品上了热门，直播间就一定
会有粉丝进来观看，直播同时
考验得是直播的控场能力、产
品的折扣以及是否能吸引粉丝
去下单。

Chapter 4
如何启动账号 / 083

085 / 短视频6大要素
087 / 如何上热门
091 / 热门标题的技巧
095 / 短视频和直播的关系

在抖音平台上，新手就可
以赚钱，人人可以参与。参与
就是对平台最大的价值。

这就是我一直在强调的"把
客户的时间留在抖音"，抖音
不会让你白玩，除非你不会玩，
只要参与了，就会有利润产生，
只是多少不同而已。

Chapter 5
抖音变现模式 / 097

099 / 抖音小程序
101 / 评论区的重要性
104 / 全民任务的玩法
106 / 玩游戏在抖音怎么赚钱
108 / 小白做"好物分享"号
111 / 寻找达人直播合作

Chapter 6

如何做好直播 / 119

要想在抖音平台做生意，就要遵守平台规则。

做抖音，没有捷径，呼吁各位主播共同维护网络直播营销市场的平稳健康发展，特别是我们小微企业，不能因此浪费时间，造成不必要的损失。

121 / 直播间的规则

126 / 直播间话术逻辑

129 / 抖音直播如何选品

139 / 新手如何做直播

142 / 直播间场控

146 / 直播间复盘

Chapter 7

开通抖店 / 151

重视店铺的口碑分、信用分、体验分、违规分，以及店铺品退率、投诉率、差评率，我们要全力把这几个维度维护好，才能大大提升店铺销量。

153 / 如何开通抖店

156 / 抖音小店运营技巧

Chapter 8

付费推广 / 163

付费推广可以快速帮助账号打上精准标签，并找到相对精准目标客户。

付费就是杠杆，可以撬动免费流量，当作品都推荐给目标客户观看时，完播率也就上去了。

165 / 如何投 DOU+

171 / 千川的投放技巧

开门店做企业的抖音账号，都要在发布作品时，加上"你在哪里"，告诉客户：你在哪里、你是做什么的、你比别人有哪些优势？当客户有需求，就能找到你。

Chapter 9

抖音同城号 / 177

179 / 什么是抖音同城号
185 / 同城餐饮账号
190 / 同城红娘号
194 / 同城娱乐号

世上不缺少美而是缺少发现美的眼睛，商业机会也是如此。

本章分享给大家的变现案例主要分为视频端和直播端。希望给大家一些启示。

Chapter 10

成功案例分享和解读 / 197

199 / 抖音案例分享
219 / 一条视频赚千万

Chapter 1

为什么
要做好抖音

对于抖音来说一切行业都是游戏业。你可以像玩游戏一样把你的目标人群吸引住，只要你足够真实，足够专业，足够优秀，秀出你自己，秀出你的产品，秀出你的服务，就能取得不错的成就。

现在，开始你的抖音吧。

抖音，不仅仅是记录美好生活

为什么要做好短视频和直播

为什么要做好短视频和直播？因为"狼来了"。

你的竞争对手往往不再是你的同行。

交易的方式在发生改变，获取客户的工具在发生改变，信息传递的速度在发生改变……

过去的农民连劳动工具都很少，很多是父辈们手工制作的，然后去集市买上一把铁锹头、镰刀头，安到自己做好的柄上。犁地靠得是牛，劳作效率极其低。人们普遍贫穷度日，商品也很紧缺，有时候还要托人找关系才能买到某种商品。

但那是过去。现在我们国家的农业基本实了机械化，有些地区甚至已经开始使用无人机施肥，这是工具的革新。

商业竞争也从传统 1.0 时代跨入 3.0 时代。商业竞争 1.0 时代是企业之间的竞争，更多是围绕企业内部开展的竞争，表现为谁家的产品好、营销强、渠道

多等。这时企业就好比一个有机体，企业间竞争如同老虎间单体的竞争，本质上还是一维竞争。

再往后发展就不仅仅是企业间的竞争，而是升级为产业链之间的竞争。进入了 2.0 时代。表现为整个产业链效率更高、反应更快等。中国制造业能够处于全球领先地位，关键在于国内和出口市场规模巨大，产业链规模优势极为明显：成本低、速度快、覆盖全。这就好比种群间的竞争，就像普通蚂蚁和红蚂蚁间的竞争。从单体的竞争升级为种群间的竞争，这是二维竞争。

而现在是 3.0 时代，属于三维竞争。类似群落间的竞争、甚至是生态系统间的竞争，就像雨林生态与湿地生态间的竞争。淘宝的 C2C、B2C 生态强调种类繁多，京东的 (SB)2C 生态强调体验和物流，京东到家将社区店卷入，与其构建 B2C 生态，突显 1 小时送达。这种竞争目前仍在角力中。

无论农业、工业还是商业，都从供不应求到了供大于求。营销的工具从传统的集市买卖到线上的配送到家的迭代；互联网大数据的算法到人工智能的革新，都让我们的交易速度越来越快。京东在 2021 年 "6·18" 达到首单 4 分钟到货。

大家都知道 "降维打击" 这个词。我们原先是农民卖农产品，工厂销售自己的产品；现在可能是明星来卖农产品，歌星网红来带货。这些明星明明是跟我们不相干的人，却来争夺市场。传统销售渠道也从原先的省代、县代变成了从产品流水线上直达到客户手中。关键你现在连谁是你的竞争对手都搞不清楚。

大润发 "卖身" 阿里，老总黄明瑞辞任时说："我们赢了竞争对手，但输给了这个时代。"

是的，时代抛弃了你，连声再见都不会说。

在未来的价值链里，你要想获得价值，自己首先得有存在价值。未来社会，产品、信息、货币、人群的流通会越来越快速，而中间所有的阻碍，也就是传统那些存在却不产生价值的节点，都会被冲击掉，比如那些加价的代理商、经销商、利用信息不对称赚钱的商家、囤货的投机者等。

商业模式因为有了技术和数据的支持，原先一对一的销售变成了一对多的销售。传统的商业模式是把产品销售给某个人，每一次开发客户都会产生昂贵的获客成本，而现在的商业模式把产品和服务直接传递给一部分人，还可以重复多次，这不仅仅是销售单个产品，还可以辐射周边的生态产品。

例如"小米"，手机只是一个拳头引流产品，"米粉"们还会消费其周边的家用电器以及智能家居等。"小米"开始了圈人模式，为一部分特定的人群服务。

实体零售企业常规营业时间不会超过12小时，而直播可以做到24小时不停播，时时刻刻做销售。门店的辐射范围比较有限，获客成本因为房租、人员等固定成本比较高，而线上销售如果懂得获取免费流量，获客又多、又省成本。

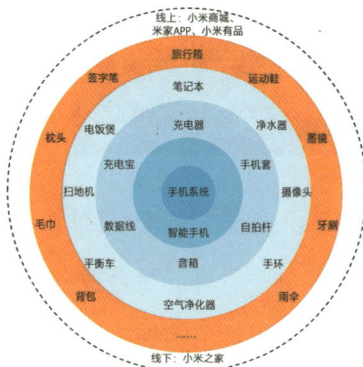

抖音等一大批直播平台的崛起，再一次颠覆了传统电商的图文呈现方式，所见即所得的及时性讲解和演示，会让人在不知不觉中产生购买欲望。我们原先是通过搜索引擎，在各大电商平台选择自己想要的产品或服务，而现在是在娱乐中不知不觉地因为自己的兴趣而买单。

抖音提出的"兴趣电商"源于人们生活水平的提高，消费升级到每个人为自己的兴趣而去享受更有意思的生活方式。

抖音数据就是采用了分布式账本互联网数据库技术，其特点是去中心化、公开透明，让每个人均可参与数据库记录。你在互联网上的行为轨迹都有记录，曾经浏览过什么内容，观看了多长时间，参与了哪个话题，转发了哪些内容……都有数据记录。这次看完某项内容，下一次，抖音就会为你推荐你感兴趣的相关内容。

同时，抖音这样的短视频平台在商业上更新迭代了很多的玩法，受众越来越广，不止年轻人喜欢看，儿童和老年人也喜欢看，各个年龄段的娱乐项目会让你越来越上瘾。

抖音日活用户近 6 亿，这是一个什么概念？

相当于中国大部分人都能在抖音上找到自己想看的内容。这些人把大量的时间花在抖音这个 APP 上。它圈住了人群，圈住了时间，于是，各式各样的消费自然而然地产生了。

我们原先想做个红烧肉，可能会去书店买本菜谱回来学着做，再后来会去百度、知乎这样的平台搜索做法，而现在抖音，有人把视频录制好了，甚至直播给你看做法，手把手地教你，哪一个更受欢迎？

我们常说：人在哪里，钱就在哪里。

看电影追剧去抖音，玩游戏消遣去抖音，学唱歌、健身去抖音，相亲、谈恋爱去抖音，想知道哪里有好吃、哪里有好玩的还是去抖音……抖音已经成了我们必不可少的生活方式。

你很难相信，通过抖音直播，一位美少女唱歌跳舞就能顺便把零食日用品卖出 100 万件；宠物主人在抖音上分享宠物日常可爱的视频就能把宠物用品卖到爆；果农把自己平时在田间劳作的视频分享到抖音，一个晚上就能把滞销的水果销售一空……

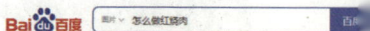

这些案例举不胜举。抖音 App 已经是集媒体、娱乐、搜索、团购、外卖、电商等为一体的神奇的平台了。

是的，时代在变，人们的生活方式在变，但是商业的本质没有改变，依然是买和卖。人们的时间和空间是有限的。试想，我家里需要装修，但是看了某位装修达人的直播，在他的直播间把全套家具都买齐了，我还会再去实体家具城购买吗？我在抖音上听取某位设计师的意见，甚至免费获取了他的装修方案，我还需要另请传统工作室的设计师吗？

大家已经把业务搬到抖音平台上来了。未来的实体零售门店更应该是体验中心、服务中心，能够进行会员聚会沙龙和线上直播。传统生意还是照样做，但是一定是要结合短视频和直播来获取线上流量，因为那时你的客户已经习惯在线上了解资讯了。

直播就是一个超级综合型大市场，各行各业在短视频的世界里锣鼓喧天，百花齐放，百家争鸣。

因为对于抖音来说一切行业都是游戏业。你可以像玩游戏一样把你的目标人群吸引住，只要你足够真实，足够专业，足够优秀，秀出你自己，秀出你的产品，秀出你的服务，就能取得不错的成就。

现在，开始你的抖音吧。

II 短视频和直播意味着什么

上面我们说到短视频和直播是技术和数据的进步，现在是我们中小微企业考虑要不要做短视频的时候了。

所有的事物都要遵循生命周期，一个行业的崛起一定有一个行业倒下，通讯技术的发达让信息差变得越来越小，信息传播的速度越来越快。这真是风水轮流转，之前我们线下门店开业做活动会派员工印发 DM 单页去挨个发放，再后来通过百度等搜索平台去推广我们的企业网站，现在通过自媒体的公众号和微博的图文推广，做这些的目的只有一个——获取客户。

现在国内官方各大媒体，企业都选择了入驻抖音。很少有人看电视，看报纸，网站的访客也变少了……一句话，人都去哪儿了？大多数人都活跃在抖音这个平台。

短视频的变革不仅仅改变了我们的生活方式，商业模式也再一次被重构，流量发生质的改变，用户有了更多的需求。因为商家都是跟着客户跑的。钓鱼一定要去有鱼的地方。服务要离客户越近越好。因为信息的通畅，诞生了很多新生的行业和职业。

每人一部手机就能创业，交通的发达使得地域的限制也变得不是那么重要。

短视频时代会使商业形态会发生哪些变化？

1. 行业再一次细分

中小微企业由于受到自身实力的限制，不可能向市场提供能够满足一切需求的产品和服务。为了有效进行竞争，企业必须进行市场细分，选择最有利可图的目标细分市场，为某一小部分人提供产品或者服务，集中自身的资源，并制定有效的竞争策略，才可以取得和增加竞争优势。

然后我们把这个优势在短视频上做更多的呈现和曝光，一定是长板理论，而不是去弥补自己的短处了。我们不能求大求全，哪怕就是把某一个亮点抓住，然后不断放大，不断曝光。视频的表现手法可以是放大 100 倍去演绎。让这个亮点成为粉丝对你的记忆点。

大而全意味着有足够的资金储备、人力储备以及利润的支撑。互联网信息的发达，哪怕一点点的失误就会导致翻车。因为我不必顾忌所有人的感受，只为认可我的一小部分人群服务，所以细分意味着成本更低、效率更高，。

女装中的大码女装，就是只为胖胖的美女服务，以及大码文胸等系列产品，只为这一部分女士服务，因为她们很难在传统的以瘦为美的服装店选购到合适的服饰。

商家只有掌握了客户需求，让厂家知道胖美女们真正需要一款怎样的衣服（当

然是遮肉还显美的），进而从设计上、制作生产上、广告宣传上对大码下功夫，把产品做精，做细。

如果你是卖大码女装的，你请的主播是一位楚腰纤细的骨感美女，就没有说服力。在短视频中呈现的话题也应该是围绕着胖美女的烦恼展开，而我们的服装刚好能解决你的问题。因为大家都胖，所以更能拉近距离。

只做黑色裙子的——奢瑞小黑裙，她倡导的是小黑裙代言人文化，以代言人为中心，为设计师和喜爱小黑裙的女性搭建交互平台。且每位小黑裙的购买者都是小黑裙的代言人，能够形成特定的小黑裙文化认同。在此基础上，通过一类人群来细分了产品和认同自己理念的粉丝。大家认为小黑裙的优雅、神秘、力量，会让女性更加自信，更具魅力。

在定位中我们会讲到"人设"，其实在一开始我们就要先细分自己的领域，做哪一类产品，为哪一类人群服务，细分到极致，然后再根据这个点去延伸。人们会相信更专业的产品和服务，而不是你什么都能做，什么都做意味着什么都做不精，什么都做不好。

细分更有利于企业发掘和开拓新的市场机会以及企业将各种资源合理利用到目标市场。在中国人口的红利下，哪怕是非常微小的一个产品，都有足够大的市场空间。

所以在抖音上我们前期一定不能求大，而要做小，做细。无论是账号的打造还是直播，我们都需要在一个领域做精，在账号运营前期，找到自己的位置很重要。

假如我是做臭豆腐的，我能不能把臭豆腐做到极致，有了流量之后，还可以做臭豆腐的技术输出。流量足够大，我就可以成立臭豆腐的品牌，甚至可以组建团队做加盟服务。抖音需要优质的内容就是介于这一点，而不是你什么都做，什么都做的没有新意。其实这也是客户需求在变化的体现，我们以前是要求吃饱，现在是要有特色地吃，有仪式感地吃。要让顾客做到吃了你的食品之后，还愿意主动帮你推广产品。

2. 产品的迭代升级

接着说，抖音是媒介，我们有了流量就可以做更多的事情，但是流量怎么来呢？产品普普通通就不会有流量，因为无论是免费的还是付费的，即使你有大量的作品展示，但是用户对你的产品或服务不感兴趣，也吸引不了粉丝的关注，更谈不上产生购买。

这个时候我们需要在产品上做微创新，创新是很难的一件事情，可以从文化故事开始。豆腐是方形的，可不可以做成心形的？可不可以做成彩色的？包装可不可以升级？实在想不出来，能否还原传统的制作工艺？很多个点需要我们去挖掘。大家可以关注一下"梅子农家特产"，主播是一个卖手工腐竹的女孩，她单场直播可以做到日均 2.7 万元。

过生日吃蛋糕，这本是很平常的事情，但是你看别人是怎么做蛋糕的。"熊猫不走"蛋糕，通过线上下单，线下熊猫人免费送货上门并提供跳舞表演的形式，为你的生日聚会增添了快乐的气氛，这是不是产品的创新？他做下沉市场蛋糕界的"海底捞"，靠直营模式收割 500 万用户，月入 3000 万。

产品是为客户需求服务的，那么客户需要什么？很多时候客户也说不清楚，这时需要产品经理人去捕捉洞察市场需求，然后在工艺、设计、包装、服务形式上去做微创新。为什么是微创新，因为更改一个产品的属性，需要一点一点地测试市场反馈。我们需要得到市场的认可再去做全新的调整。

年轻人标榜的是个性化，我的需求和你不一样。人们已经不想面对跟你穿得一模一样，出现撞衫的尴尬，私人定制的需求越来越高。吃饭宴请需要去有讲究、有氛围的环境，"长沙文和友"取号近20000 桌，一网友称来了 3 天，排了 3 天，还是没吃上。真的是因为好吃吗？未必，但是大家喜欢这样的氛围，想去尝鲜，所以说，环境也是产品的升级。

很多大众化标准化的产品也在细分。例如洗发水，从功能上有去油的、去头皮屑的、防脱发的，还有宝宝专用的洗发水等品类。这就是在日化线进行细分和迭代。

这些都是针对一类人群细分了产品的卖点，从而满足了这一类人群的心理需求。

在抖音上，还可以做新品的发布，可以征求粉丝的意见，包括定价都可以根据粉丝的意见来决策，所以说产品和服务因为有了抖音直播这样及时性的沟通，能让我们少走弯路。

3. 服务更近一步

沟通的及时性能快速处理用户的售后工作。生活中，很多争执都是因误解和疏离而产生。如果双方及时沟通，大多数争执都是可以避免的。我们把自己以为做得很好的产品和服务交付给用户,但是用户真的满意吗?直播间不仅仅是卖货的平台,更是我们可以搜集用户声音的平台,粉丝的抱怨就是我们要去完善的地方。

服务抢先一步,超出客户的预期,客户才会满意。相比传统的零售服务业,抖音在线上就能解决很多问题。当你发布作品时,粉丝会给你留言评论,当你直播时,粉丝会在直播间跟你互动。作为运营者要去认真研究客户在意的点,而不是以为发出所有反对声音的都是黑粉。实体零售业可以做到体验式销售,但是线上电商平台如果只展示图文,客户的理解跟实物还是有偏差的,很多时候会退货率很高,浪费了大量的人力成本,抖音的"兴趣电商"虽然也会不可避免地出现退货,但是通过主播专业的讲解,近景的展示和演示,方便客户更直观地了解产品,所见即所得的商业新零售模式让买卖更高效。

4. 效率的提升

很多粉丝问我,制造业能不能做抖音?我反问,哪一个行业不能做?

除了国家明确违纪、违规的商品和服务,以及药品和不适宜演示的成人用品,大部分行业都适合在抖音上寻找客户。而且每个行业都有成功的案例。

我提出的观点是,每一个还在跑市场做业务的销售员,都应该将自己的产品搬到抖音上来,即使是非常小众的冷门行业,一样可以。

抖音的搜索功能很强大。本书有一章是专门讲搜索功能的,你的客户会在抖音上寻找能为他提供产品和服务的供应商。

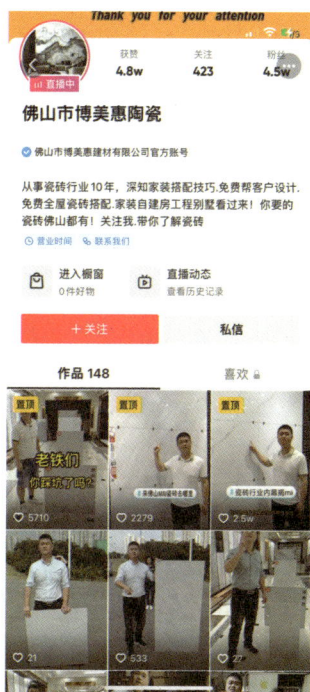

　　抖音可以更真实、更及时地展示公司研发的新品。你有没有发现，现在的展会上是参展商人数多于参展观众。

　　参展商参展的目的是什么？花费了大量的人力物力把产品带过去，就是让目标客户来了解产品，洽谈业务，而现在则可以通过视频和直播展示，还可以寄样，效率大大提升了。

　　之前我们招聘员工需要去人才市场，再后来通过网上招聘平台，现在完全可以通过直播展示企业办公环境，面试可以通过视频和直播。很多企业已经这么做了。现在，"字节跳动"的员工连离职都不需要去公司办理手续了，直接线上交接。可见，各种软件让大家的办事效率越来越高。

5."兴趣电商"的崛起

　　不知从哪一天开始，我们已经把线上电商称之为"传统电商"了。从 2003 年的淘宝开始，中国电子商务如雨后春笋般疯狂增长。在这近 20 年的时间里，网上购物已经从陌生到家喻户晓，几乎每个家庭都有一位购物达人，他们负责在网上淘各种商品。

　　担保交易，收到货后还给予 7 天无理由退换货，让买家更放心，大大降低了购物风险，各大电商平台还根据买家消费的金额设定不同的层级，京东的 VIP 客户实现了优先急速赔付。

7天无理由退换货

包邮
线上卖货行规

　　"包邮"似乎成了标配，商家承担发货费用，买家如果买了运费险，在整个交易中无须承担风险，这让买家更容易下决心购买。

　　现在，商品的流通速度变得越来越快，京东物流等自建仓，都是在各地就近配送，2021 年 "6·18" 京东首单仅需 4 分钟就能将商品送到客户手中，这是比你去家门口的小卖部还要快的速度。

很多时候，我们也不知道自己需要什么了，还常常有一种感觉：好像除了缺钱，家里什么也不缺了。因为在满足了基本的生活需求后，我们的消费在升级，只会对自己感兴趣的东西才有购买的欲望。淘宝的"猜你喜欢"就是鉴于你浏览的习惯，给你推荐相关商品。但是人们现在则把更多时间花在抖音等短视频平台上，因为这里比逛商城和逛淘宝更有趣。一些内容创作者的演技甚至比大片更精彩，比小品更能让你捧腹大笑。农民工兄弟的歌喉简直就是新一代歌王；工厂小妹的舞蹈跳得可以跟舞王一比高低；平时难得一见的明星会跟你连麦唠嗑了……

于是，大家会在不知不觉中下了订单。下单时可能是对某个果农的同情，也可能是对苦逼制造业小老板的鼓励，还有可能是对自己崇拜的偶像的支持……总之大家下单的理由越来越不像是因需要而采购了。

根据抖音电商总裁康泽宇的定义，"兴趣电商"是"一种基于人们对美好生活的向往，满足用户潜在购物兴趣，提升消费者生活品质的电商。"

● 从消费者的角度，"兴趣电商"是潜在需求再发现的过程
● 从商家的角度，"兴趣电商"是增量供给再释放的过程

●从抖音本身的角度，"兴趣电商"是用户需求和商业产品再平衡的过程

●从电商生态的角度，"兴趣电商"是数字商业链条再整合的过程

康泽宇举了一个自己的例子。他经常出差住酒店，总担心酒店烧水壶的卫生问题，但又不至于出差带着自己的热水壶吧。一次刷抖音时，他发现了一款便携式烧水壶，小巧精致，方便收纳携带，于是他果断下单。这其实就是一个需求被发现和满足的典型案例。

这个便携烧水壶就是产品的升级，满足了另外一部分客户的需求，但是我自己平时是想不到这样的产品的。我的问题是出差在外如何能喝上更卫生的水。这是我们对生活更高品质要求的一个延伸，你平时并不会去搜索购买的产品可能会在刷抖音的时候产生消费。

抖音的抖店为买卖双方的交易搭建了一个类似淘宝小店的平台，巨量百应连接了达人和商家，具有连接内容和商品的能力；抖音电商罗盘为达人、商家、机构等不同角色提供内容分析支持；同时抖音还把巨量千川作为商家营销推广，提供一体化技术支持。

这样一来，抖音已经完全打通了整个电商的各个环节。从流量到商品展示、营销分发、成交平台、支付平台、物流配送、售后服务、评价系统等形成了一个完整的电商体系。

"兴趣电商"依托抖音最擅长的信息分发技术，既满足客户需求又能相对轻松愉快地实现商业化，这会在很大程度上提升抖音电商的商业想象空间。

抖音意味着商业模式和各种玩法再一次升级。就目前而言，很难有其他平台与之抗衡，虽然淘宝、京东、拼多多都有直播入口，但是 6 亿的日活用户和更清晰的用户画像以及有趣的玩法，会让大家产生深深的依赖，相信抖音电商的发展速度会更快！

II   抖音流量逻辑

很多时候我们太急于求成，看到某个网红直播间成千上万人，总是急于一夜爆红。新手入门抖音，一定要认真思考再做出决定，到底如何在抖音这个平台获取更大的流量？流量来了怎么变现？变现过程中还会有哪些问题需要解决？新手入门千万不要一味地图涨粉，首先要了解流量的来源与结构。

人在哪里，流量就在哪里，机会就在哪里。

流量，说白了就是人流量，是指在一个特定的时间段内，有多少个人看过我们的作品。

播放量，是该条视频播放了多少次，跟流量的关系是相辅相成的。任何作品只要你发布，都会有播放量，除了被处罚或者封禁的账号。

　　当我们发布了一个作品，抖音系统给你上架到作品中心，让用户来观看，初始都是有0-500个的播放量，那么为什么有的总是在几十个播放量之间徘徊，就是不能达到成千上万的播放量呢？主要有以下3点：

　　1. 新账号，没有基础，作品没有跟平台其他入口发生关系，例如合拍、使用热门音乐、没有参与任何话题等。

　　2. 内容没有任何看点，不能在初始流量中获取客户往下观看的理由，也就是没有停留时间。

　　3. 抖音推荐算法，无法识别账号内容需要推荐给哪一类人群。

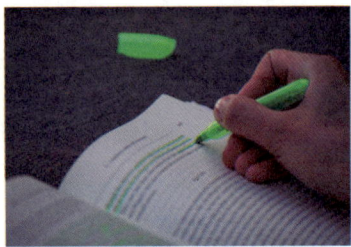

　　这就好比你去集市上摆地摊，把产品都摆放出来了，但是无人问津，压根没有人来愿意多看一眼你的摊位。偶尔路过两位路人，也只是看一眼，马上就转移了目光。同时集市管理部门（抖音）也不知道把你的摊位放在标有哪一类的商品区，也就是你没有任何标签，连你的商品是属于玩具、食品还是服装都无法辨别。

　　"同步通讯录"后偶尔也有几个播放量，还是你通讯录的好友，好比你邀请了几个朋友来捧场了，他们或许给你点赞了，也评论了两句，但是毕竟抖音平台属于公域流量，说白了就是你做生意总不能就靠那几个好朋友天天来给你捧场吧。

　　好了，那么我们要去销售我们的商品，哪怕是到集市上去表演自己的绝活，也要先给自己做一个标签对不对？

　　我们不能像发朋友圈一样的发布抖音作品。我吃饭发个作品，逛街再发个作品，看到什么风景再发个作品。最主要你发的这些作品都是你平时的平常生活，没有任何新意和槽点，跟粉丝又没有任何关系。好比你走在人山人海的人群中，你在做什么，根本没有人会在意你。即使有人看到了你（基础播放量），也不愿意多看你一眼。因为你对他们来说，没有任何价值。

但是马路对面走过来一个长腿大美女，你会发现很多目光会在她身上停留很久，甚至，还会后头继续看，更有胆大者跑过去要电话号码。如果她在那里唱歌跳舞呢？会不会有更多人愿意留下来观看？如果她还跳得非常精彩，会不会有人给她鼓掌？（点赞）

那么抖音是怎么分配流量的呢？这条街上好不容易来了一个大美女跳舞，能给街上增添气氛带来更大的人流量，抖音赶紧告诉街上那些平时喜欢看美女和跳舞的人们（根据人们平时的浏览习惯推荐）。

更多的人开始期待下一次还能遇见这位美女，纷纷去索要美女的电话号码（关注了）。一大群人还会在私下进行评论（评论区）。

A 说："这要是娶回去做老婆该有多好！"

B 说："就你长成这样，还想娶她。"

C 说："舞跳得真好，好想学。"

众说纷纭，大家一吐为快，各自表达自己的观点。

观看的人越来越多了，整个马路被堵的水泄不通，集市管理方（抖音）一想，这条街也不能都给这一位美女推荐呀，那么只要是有创意，有个性的人出现在我这条街上，我就再告诉这些人。于是有的人就又跑去看其他展现才艺的人了，整条街热闹非凡，一派繁荣。

集市管理方（抖音）干脆再给这些人每人开一个单独的包间（直播间）让你尽情地表演，让那些关注你的粉丝都去直播间去看你，我卖点门票（虚拟礼物），愿意给表演者多打赏点的让你坐到前排去（榜一大哥）。说到这里，皆大欢喜。表演者因为有了榜一大哥的打赏收入不菲，榜一大哥满足了看才艺的乐趣，得到了尊重。抖音跟才艺表演者分了一部分的门票收入。这是娱乐账号的逻辑。

我们通过分析上文中的几个要点，代入到发布一个作品怎样给自己贴上标签：

1.人物便签的设计。比如美女为了便于别人以后一眼就能认出来，头上的一顶大花朵就是她的人物造型，大花朵是她每一次出场的标配。

2.定时发布作品。定时直播，是不是更容易培养粉丝？三天打鱼两天晒网，一两个月都没有作品，是不是粉丝很快都忘记你了？毕竟抖音上的各种人材太多了。

3.内容的创作风格要一致。所谓的垂直，就是在一个维度下深度演绎。明确是做剧情搞笑的还是好物分享的，是做达人探店的还是电影剪辑的……总之要根据自己的擅长点，一直延续做下去。

在账号定位和作品该如何创作上，我后面会跟大家一点点的解析。首先我们要了解抖音的基本规律和逻辑，等我们真正明白了这个思维再去做账号和发布作品。而不是上来就"一顿操作猛如虎，仔细一看原地杵"。我看到过很多有上百万粉丝的账号，整个团队干了一两年，到最后都没办法变现。

说到这里，我们就要开始研究抖音是怎么分发流量的。

抖音是中介平台，创作者要想获取流量，首先要有好的内容，对用户有价值，对平台有贡献。只有明白这一点，我们再去根据平台规则找到一些技巧和原理，以后就根本不用担心流量。

我们的作品就是满足客户的需求，满足人的七情六欲。同时配合抖音官方不定期的任务需求。

我整理了目前抖音 12 种任务的入口。

1. 全民任务

2. 游戏发行人计划

3. 小程序链接

4. 星图任务

5. 好物分享

6. 电影剪辑

7. 知识分享

8. 道具推广

9. 合拍

10. 全民好书计划

11. 话题参与

12. 直播

其实入口远不止这些，可以说，每一个内容板块就是一个入口，每一作品都有流量能力，只是获取流量的多少而已。抖音也在不断完善，这 12 种入口

再小的个体，也有自己的品牌

也是我们的变现渠道。为什么这么说？因为价值。当我们为平台和用户创作了价值，平台给我们流量奖励，粉丝给我们贡献价值。这是一个价值交换的概念。只有你的作品对我用，我才会关注，我才会选择购买。同样，没有粉丝都可以直播，那么就是直播间对我有价值，我可以买到我想要的产品，或者是我参与了你的直播，给你捧场了还有机会获得礼品等。抖音需要什么？它需要越来越多的人参与平台的建设，为平台的内容添砖加瓦。

"再小的个体，也有自己的品牌。"运营过公众平台的人一定很熟悉这句话，这是微信提出来的 sologan，今天来看抖音把它发挥得淋漓尽致。

相当于我们每个创作者都带着自己的看家本领来到抖音展示，我们自己本身也是流量。比如我，经常在抖音上研究，每天有四五个小时都在刷抖音，我也在上面消遣娱乐，购物或看 PK。

那么我们作为创作者，唯一要做的就是好好创作出对用户有价值的内容。直播者也是如此，要给粉丝带来物美价廉的商品，或者更有价值的知识及服务等。

我们看到大 V、网红随便发点儿什么，都有很多的播放量、点赞量，那是因为他已经有了一部分基础的粉丝，系统会优先推荐给他的粉丝。

搞清楚为什么要入局抖音以及抖音的商业机会和趋势，我们也就明白了怎样才能在抖音上获取精准的流量。那么我们如何搞定机器（平台算法）和人（用户），从而获得商业变现呢？接下来，让我们进一步了解如何真正地做好抖音。

▶ **Chapter 2**
定位

　　无论是做哪种内容，在创作之前我们最好有一个方向定位，如何找到这个方向，先要看自己对哪个方面更感兴趣，自己擅长什么，根据你自己的擅长点或者兴趣爱好来做选择，当然也要从内容本身出发，明白自己是否是真的合适，不能脑袋一热就开始做，要理性地对自己和内容进行分析。

抖音，不仅仅是记录美好生活

II　确定定位

　　定位越明确，目标越清晰。我们常说的直播变现就是人、货、场的定位。通俗来讲就是我要赚谁的钱？在抖音上主要是人设定位、产品定位、场景定位。也就是我在抖音上找到哪一类人群，为他们提供产品或服务，从而获得报酬。这里重点讲人设，在第三章的人、货、场里会详细讲到产品和场景定位。

　　互联网时代一定要懂得取舍，在浩瀚的商海里要弱水三千只取一瓢饮。现在抖音日活用户已经达到了 6 亿人。我是不是要把 6 亿人的生意全部做完？我是不是要有 6 亿的粉丝？这肯定不切实际，也没有人能做到。

　　认真思考我们的产品和服务能为哪一类人群提供价值呢？

　　无论是做哪种内容，在创作之前我们最好有一个方向定位，如何找到这个方向，先要看自己对哪个方面更感兴趣，自己擅长什么，根据你自己的擅长点或者兴趣爱好来做选择，当然也要从内容本身出发，明白自己是否是真的合适，不能脑袋一热就开始做，要理性地对自己和内容进行分析。在任何一个细分领域，我们只要服务一小部分人就足够了。

但是只要是产品就要涉及售后服务，如果我们产品和服务低于粉丝的期望值，销售就会遇到很多麻烦。往往会得不偿失。

1. 人设定位

人设，顾名思义是人物设定。人物形象设定包括：设计登场角色的人物造型、身材比例、服装样式、不同的眼神以及面部表情，并表示出角色的外貌特征，个性特点等。通俗点讲就是一个怎样的人。

人设最好是找出创作者本身招人喜欢的点，然后去放大它适合怎样的状态，是高冷，还是俏皮。但是更多时候需要创作者在做内容输出的过程中进行提炼和加强，一旦确定了就要反复强调，一定要一直出现在自己的内容中，不断强化。人设风格也是你定位的一部分，一定要有自己的风格，然后慢慢找到自己的风格属性，再不断地迭代和创新，直到完全定下风格的那一刻。风格最好和别人不一样，这个风格将会成为你的特色，可以是一副眼镜、一首曲子、一个动作、一句你自己的口头禅（如：李佳琦的 OMG，买它），它一定要经常出现在你的内容之中，需要反复强调，在不断地强化记忆之下，可以使别人在第一时间想到你，那么这就是一个成功的记忆点，这对账号来说有很高的价值。

比如有的人是"吃货"，有的人是"女汉子"，有的人是"国民初恋"……通常设定好人设后，就会在外人面前营造自己的形象，"吃货"就是走到哪里都是吃，"国民初恋"就是

永远在走温柔甜美路线。

个人形象设定，说白了就是在短视频里我要扮演什么样的角色，一旦确定了就尽量不要去改动，当然，也有一个人演多个角色的。如果是搞笑类的剧情主播，可以夸张，大胆创新。我们说到孙悟空，你的脑海里会想到怎样的形象？孙悟空原本是《西游记》里的一个角色，吴承恩描写得惟妙惟肖，但你能通过他的文笔感受到这个形象吗？不能，因为每个人的理解都不一样。但是通过电影、电视剧，我们现在达成了共识，一说到孙悟空，大多数人脑海里的形象基本都是将身一抖，跳跃起来，一翻筋斗就有十万八千里的美猴王，这一角色六小龄童饰演得最为成功。这就是人设了。

人设还要根据自己本身的特点来。如果作为一名知识主播，你搞得跟只猴子似的，显然也不稳妥。那么我们就要把自己平时的穿着打扮统一一下，切记不要一天换一个发型，一次换一件衣服，让粉丝很难在脑海中形成记忆点。

我在短视频里，需要充当什么样的角色呢？健身教练、宠物萌主、饭店厨师、快递小哥……我们常说艺术源于生活，其实我们就是要把日常生活中的某一个角色扮演好。从服装、道具、发型等方面去下功夫。

除了定位你还要有自己的目标，自己想要传播什么很重要，一定要给自己定一个小目标，完成之后不断给自己定新的目标。

每个创作者都会进入一个瓶颈期，粉丝也会审美疲劳，这个时候就要构思改变一下风格或者表现形式。但是只要你能很清晰地看到自己的进步，同时又知道自己到底想要什么，只要能保证整个做内容的过程是一个向上走的状态，同时可以让自己的内容充满灵魂和朝气，就要不断增加创意。当然，这个说起来简单，但却是最考验创作者的，哪怕一点点创意都需要我们绞尽脑汁抠着头皮去想。创意点必须要给别人眼前一亮的感觉，而且要不断保持创意的输出，不断创新。这个是需要积累的，多看多学多思考并把它们组合在一起，才有可能形成完整的创意库，从里面不断提取、优化，进行再次创作。最后你要有很强的执行力，执行力是我们一直在强调的核心思想，也是创作者必须拥有的一项能力，只有具有很强的执行力，你才能够追得上热点，才能把你偶然迸发的灵感变成现实，才能保持高频且稳定的更新，保持内容不断提升。

抖音的 *Slogan*——"记录美好生活"。

我们认真去研究，就是让各行各业的人用镜头来记录平时的你。"我就是我，不一样的烟火。"

微信曾经在推出公众号时提出：再小的个体也有自己的品牌！

没错，就是让我们在短视频上让更多的人记住我，我就是品牌。

谈到品牌我们会想到需不需要设计一个 logo，在设计方面，最好用文字表达，而不是用别人看不懂的图文来表示。

我们常见的网络个人品牌就是自己的名字，或者英文名，或者自己的行业名加上个人特征。这里我给大家一点建议，就是名字

要简单，简单，简单。一定不要用生僻字去做自己的抖音名。

可以是大米哥、拉面哥、油条哥，也可以是旗袍姐、袜子女王、风衣一姐等。

但是这些网名很多已经是有人在使用，或者跟一些知名品牌相同了，从抖音规则和长远考虑，不能用名人、知名品牌等来给自己命名。可以加前缀或后缀及谐音。

可以是你的行业，可以是你的特征，例如胖胖的人做烧烤的就以"胖哥烧烤"命名。还有一个技巧就是加上地名，这样就可以让别人容易记住你。起名字非常重要，遵循的原则就是好记、易懂、好传播。比如"刷子哥"，每次出境都会拿着一把刷子。现在赶紧开始你的头脑风暴，好好去给自己起个好名字吧。

2. 产品定位

在我们的吃穿住行中延伸出很多新兴的产品。产品的设计越来越智能，越来越时尚，越来越有创意。

也就是说，我们的产品也要具备好看、好用、好玩这些特点。

特别是抖音这样的平台，我们的产品颜值一定要高，满足人们对美的追求。以服装而言，现在的 90 后和 00 后都追求个性，追求差异化，不想千篇一律，不想撞衫。这也是定制化服装有很大市场的原因。有很多服装品牌之前做得风生水起，现在却走了下坡路或者惨淡退场，不仅仅是其经营出现问题，还有就是这样的服装已经不受目标群体的喜欢了。

一个抖音账号，在操作之前就应该思考我要做什么产品，最好是倒推着来，先想好我怎么变现，我的商业模式是什么？

个人账号没有货源优势，要先考虑自己擅长什么，身边的资源是什么？启动的资金预算是多少？客户的退货怎么处理？是否有售后能力？做好一个号或

许很容易，但是要真正持续盈利，也不是一件容易的事情。作者从经营企业的角度给大家分享下面内容。

企业产品的定位就是根据自己现有的产品考虑人群，也有很多做机械，工业品的老板跟我交流，说我们的产品不适合抖音带货，因为我卖的是设备，是一台机器。其实这种思想是错误的，大部分行业都可以在抖音上销售，抖音是一个获取目标人群的平台，是一个流量入口。可能对方不一定是立刻马上购买，极可能是先通过抖音让你的目标客户关注到你，进而了解你、相信你，然后跟你咨询并促成订单。

现有的实体店也好，工厂也罢，都可以在现有的产品上做衍生。需要考虑这个人群除了需要我的产品，还有哪些周边配套产品也能满足他的需求，我们可以给他提供全套的解决方案，而不仅仅是做单一的产品。当然也不能让粉丝觉得你什么都卖，这反而显得自己"不务正业"，不专业了，这里就是要看我们的定位了。要有取舍，其实在抖音上更适合做爆品。我们常说"一招鲜吃遍天"，在一个账号做起来之前，更建议大家集中精力做好每一个视频，做好每一场直播。做起来之后完全可以矩阵复制。

小米的生态链也是以手机为入口产品的，之后才慢慢延伸到智能家电、智能家居、滑板车、电动车等领域。当然，小米成功的前提是企业 IP 足够强大，客户人群足够多。我们一开始还是要专注。

在抖音视频创作上要有长板概念，尽量放大直播中，要能不断弥补短板，店铺口碑分、售后

短视频创作上把自己的长处发挥到极致，好上加好。形成个人或企业的独特卖点

和标签。

　　说到空调，我们会想到格力，说到凉茶，我们会想到王老吉，说到手机，我们会想到苹果、华为。这也是格力想做好手机却困难重重的原因，做不好并不一定是技术上存在的壁垒多强大，对于这些企业来说也不仅仅是技术或人才的问题，笔者认为更重要的一点就是——消费者的心智资源已经被占领。

　　那么抖音能够给我们提供一次弯道超车的机会，中小企业要抓住这个风口。

之前的淘宝就出现一部分"淘品牌"。连工厂都没有，没有一个设计师的服装品牌居然在电商平台卖得非常好，超越了很多线下有上千家门店的品牌。我个人相信还会出现大量的"抖品牌"。

　　怎么样做好"抖品牌"是我们每个抖音创业者应该好好思考的问题。

　　人物形象的设计、品牌的调性、产品的价位等都要根据我们的粉丝人群来设定，而不是我有什么卖什么，"抖品牌"是我的人群有哪些，我需要卖什么给他们。我有什么优势能服务好他们。

　　开始谈到人、货、场，对于现有的产品企业，我们更要思考，我产品的目标人群喜欢什么样的语言风格，有哪些爱好，有哪些特点，能接受的价格区间是多少？

　　做好抖音定位就是先给自己的目标粉丝做一个人群画像。有一个企业做的是左撇子的产品，他的用户人群全部

国际左撇子日

是左撇子，后来开发了一系列周边用品。这样的产品虽然是小众的，但是目标人群是非常清晰的，产品对于目标客户来说又是刚需，反而做得很好。

总之，产品定位就是我的产品能解决哪一类人群的哪一方面的问题。

人群画像怎么画?

可以从以下几个方面着手。

性别、年龄、爱好、习惯、消费能力、性格特点……总之越详细越好，对你的客户分析得越精准，后期的短视频内容越能引起他们的共鸣。我常说，销售好比跟客户谈恋爱。好比一个男生要去追求一个女生，你要知道对方喜欢什么样的礼物，喜欢吃什么，喜欢玩什么，尽管看电影不是你喜欢的，但是你得知道她喜欢看电影，喜欢看恐怖片，你能常常陪伴她看恐怖片，她就认为你是最懂她的。这个跟我们做短视频，做直播是一样的道理。要想做好短视频，做好一对多的销售就是要找到精准人群，去跟他同频。

我曾买了一部华为 p30 手机，却不知道怎么截屏，因为我之前用惯了苹果手机，但是广告说 p30 的像素有多高，拍照有多清晰，我就买入了。买回来却

没有耐心去看说明书，通过抖音，很快就学会了。说明书是文字的，抖音视频就非常直接，有人手把手教你。抖音真是万能的，能解决你的很多问题。为什么我如此重视抖音，因为抖音功能实在是太强大了。回过头来看一下，它虽然只是一款 APP，但是有各个行业的若干个创作者通过视频，通过直播为你解决问题，很多还是免费的，这很难得。

在抖音上也有人专门教别人怎么使用苹果手机的，"苹果哥聊手机"就是把自己的专业发挥到极致，在抖音上分享苹果手机的使用技巧。他拥有100多万的"果粉"。

大家都有手机，手机都有说明书的，但是我们还是有很多快捷功能不会用。这就是他的价值。

"苹果哥"本身就是苹果手机的经销商，他通过短视频带动手机销量，还曾经引起当地总批的重视。他在抖音上形成自己的 IP，树立了苹果手机行家的形象，他的店目前不仅仅有零售，还有很多小的门店从他这里批发，销量远大于几十个实体门店的销售额，而且除了人工成本，其他成本几乎为0。他不需要门店，不需要导购，产品都由仓库直播发货。在场景定位中，他就是仓库中直播讲解员。

▋▋ 找到对标账号

我对抖音对标账号的理解就是——你竞争对手的账号。也就是指一个账号瞄准一个比你绩效更高，做得更好的账号进行比较，以便取得更好的绩效，不断超越自己，超越标杆。

首先，我们要知道怎么去找到对标账号。直接在抖音搜索框里输入你的行业或产品关键词，然后在"用户"里找，就可以选择在"综合"页面筛选最近发布和最多点赞的作品。多看看最多点赞的作品，去研究他的人、货、场的视频拍摄方法以及文案的逻辑。

还可以通过第三方软件，直接输入你的行业商品，看有哪些人在销售，在拍相关的产品视频。通过数据来看哪一些账号是值得我们去研究的。因为第三方数据平台可以从销售额、直播间人气等多维度看到相对真实的数据，通过这

个数据来倒推行业规模、产品销售情况、各大直播间的表现力，从而找到我们的优势或者特点，去建立自己的账号打法。

通过横向和纵向坐标找到销售额比较好的同行账号。

有了对标账号，我们就有目标。

客单价	¥26.54	🔴 行业水平：¥147.77	平均停留时长	44″	🔴 行业水平：1′5″
商品销量	1,121	🟢 行业水平：64	观看人次	3.6w	🟢 行业水平：7,501
销售额	3w	🟢 行业水平：4,598.36	人气峰值	1,624	🟣 行业水平：162
UV价值	¥0.83	🟢 行业水平：¥0.64	平均在线	75	🟢 行业水平：69
带货转化率	3.13%	🟢 行业水平：0.94%	转粉率	1.43%	🟢 行业水平：1.08%
带货口碑分	4.72	🟢 行业水平：3.5	互动率	2.23%	🟢 行业水平：1.09%

做账号很多时候就怕盲目，没有目标。对于新手来说，参考别人的成功模式就是最好的方法。我们在选品里讲到过货物选择，也可以参考第三方数据平台来了解目标客户喜欢什么款式，同时数据也会告诉我们，销量好的产品一定有他的特点。

通过多个维度去了解每一个比自己做得好的对标账号。

选择对标账号的时候不一定要选做得最好的，好比我们明天要打篮球，也不能按照姚明的标准去做，但是可以以姚明作为目标。目标就要分阶段去完成，毕竟一口吃不成胖子。

小目标最好是能通过一点努力就能达成的，如果一直不能达成目标，无论是你还是团队都会没有信心。所以我们做账号前期不一定要实现百万级别的播放量，也不要期望一下子能上大热门。一步一个脚印地执行，所有的事情都会按照你努力的方向发展。

对标账号的好处是你永远知道你的方向在哪里，只要方向正确我们就不怕路途遥远，短视频直播行业是场持久的马拉松，我们需要不断完善和成长。真的一下子爆单，未必就是好事，因为短视频直播行业考量的不仅仅是你的团队，还有供应链的优势，资金的储备。

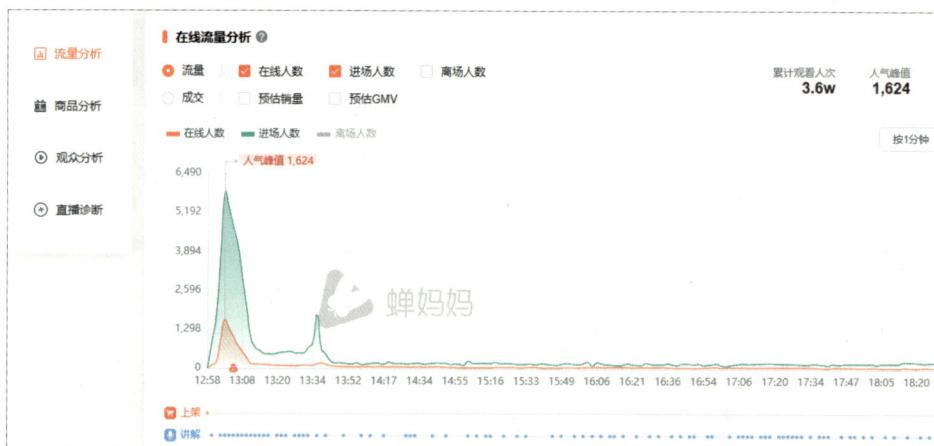

找到对标账号，我们就要耐心去把对标账号所有的视频都认真地看一遍，一遍不够就看两遍。再去看看评论区，看看粉丝关心的点，粉丝是因为什么原因、什么样的话题而去参与的。找到这些点，就能知道粉丝在意什么，什么样的文案、话题、冲突点是需要我们去复制和超越的。每一个细节都不要放过，这就是知己知彼，只有找到对标账号的强项，我们才能找到努力的方向，同时在对标账号那里看到的短处，恰恰我们可以去超越的。

通过对标账号，我们可以总结同行哪些核心维度做得比我们好。我们需要完善自己的短板。有依据地找到出现问题的环节，精准找到核心问题。这样不至于岗位人员相互甩锅，导致出现问题的原因是停留时长、产品客单价，还是流量投放不精准……

我一直强调，前期做账号不能追求完美，短视频和直播都是很考验人的。人的因素在这当中占有很大的比例。

所有的经验都是从实操中成长起来的。

11　短视频内容为王

都说内容为王，那么怎样做好内容才能在抖音上得到充分曝光？没有大量的曝光，没有展示，再好的内容没有让客户看到也是徒劳的。

据说"内容为王"是维亚康姆公司(viacom)总裁雷石东提出来的，他是这样阐述的："传媒企业的基石必须而且绝对必须是内容，内容就是一切！"

我今天提出新的观点：在自媒体时代，内容即答案！

每一个用户都在寻找自己想要的答案。但或许没有标准答案！

大家在刷短视频、观看直播、阅读文章、线上购物时，其实都是在寻求一种生活方式的答案。这个过程就是寻找答案的过程。

用户（观众）是选民，对每一个创作者的作品内容有选举权，点赞、评论、转发皆是为该内容投票。

平台系统是监考兼阅卷老师，负责查验创作者的内容是否违规，并根据用户的行为给出综合得分。

内容合规，并且有更多的用户点赞、评论、转发，系统会认为这是好的内容，会加大力度推荐给更多的用户（观众）。

系统平台的标准是这个内容吸引了多少用户的参与及停留，平均停留时间越长越能代表内容质量得分高。

什么样的作品内容才是抖音短视频认为的好内容呢？主要是指用户播放量的平均时长，其次是粉丝的点赞数、评论数.以及转粉率及销售转化率。

有了用户的互动，能引起用户（粉丝）的参与，让他们把时间停在抖音这个 APP 上，还能完成销售，这才是抖音平台需要的。

一个 APP 的价值就在于增加用户数量和拉长用户在线时长。只要你的时间花在这个平台上，不怕你不消费。这就好比一个大商场，现在吃喝玩乐什么都有，你如果能在里面逛一天的时间，总得要花点儿钱，这也就是商场越开越大，品类越来越齐全的原因。一站式的服务和产品应有尽有。有了庞大的用户量，平台就会有它盈利的模式。

作为一个创作者，我们需要用内容来留住客户。好比去逛了商场，五花八门的各个商家店铺，你愿意在哪一个商户停留，愿意在哪一个商户消费，就能说明这个商户对商场是有价值的。同理，现在的电商平台，也是在多维度考核一个店铺的综合运营能力。

经常有小伙伴提到视频或者直播间权重。所谓的"权重"就是多维度的评分。而这个评分是每分每秒都在变化的，无数个创作者和用户的数据是时刻在变动的。所以，权重只是一个算法概念不是一成不变的。权重是动态的，只能说明同一时间维度下的数据。

例如，页面的点击率、页面的停留时间、客户咨询时卖家的回复率、成交的转化率、成交金额、发货速度、客户好评率以及客户的复购率等，作为一个平台，最终还是要盈利，因为你创作的流量价值或者销售额，平台不仅仅有扣点、广告收益，还有资金沉淀等。

创作者的内容优劣就是为平台提供的价值贡献力的大小。

现在的电商平台基本都是头部卖家在赚钱，平台给予 Top 卖家的流量也是巨大的，因为各个维度考核下来，Top 卖家创作了价值，而很多小卖家充其量就是打酱油的，抖音平台同样在意的是你的综合运营能力。在每年的"6·18"，"11·11"这样的大促期间，有一分钟就能破亿的卖家，这样的店铺对于平台来讲极有价值，流量当然会向大卖家倾斜。

各个主播就是平台的销售员。抖音的算法也是如此。因为用户的时间是有限的，他在你的直播间观看，就不可能再去别人的直播间。罗永浩第一场直播时，我们当时直播间的人数出现断崖式下跌，罗大咖的直播间有几百万人之多，这是一对百万人的销售啊。

有了流量并且能承接住流量的直播间才是优秀的直播间。

在抖音平台，粉丝不一定有用，只有对你有贡献的粉丝才有价值。我们不能只追求粉丝的数量。更要思考为哪一类客户带来价值。

什么样的内容会吸引粉丝观看、评论、参与呢？你直播的内容一定要有趣、有料、有价值。

1. 有趣

购物本来就应该是一件开心的事情，消费者在愉快的兴趣点上才会产生下单。将来每一个行业都是娱乐业，为客户提供愉快的购物环境和美好的心情才是我们账号要去做的事情。

平面广告没有视频广告来得直观、有画面感，很难让消费者对商品有期待感。充满娱乐、趣味性的广告才能让消费者感受到快乐。

2. 有用

"有用"是指你的视频内容能够给粉丝带去什么样的好处，是全新的认知、专业知识的提高？还是创意让人耳目一新？或者是你的产品有足够大的折扣。

3. 有价值

"有价值"是指时间花在你这儿的价值。可以是产品的价值，也可以知识的价值，总之是满足人性的需求。

人性的需求包含了生理需求、安全需求、社交需求、尊重需求和自我实现需求。

例如，一首好歌让人们心情愉悦；一个段子逗笑了用户；一部微电影触动了用户的忧伤……简单来说，就是视频的内容触动了用户的情绪，满足了用户的心理需求。

推荐大家看一看叶茂中老师写的《冲突》这本书。叶茂中老师提出了冲突理论：没有冲突就没有营销，没有冲突就需要创作者去发现并制造冲突。

冲突就是发现需求。画面的冲突、剧情的冲突、观点的冲突、价格的冲突等。

很多创作者说自己的视频没有播放量，没有评论，没有转发。这其实都是因为你这个视频对目标客户而言没有价值。

可以这样说，视频对用户有价值就是对平台有价值。抖音这样的平台需要大量优质内容的创作者，你可以是一位老师，可以是一个电焊工，可以是一名艺人，也可以是某一个领域的达人，关键在于你的作品能否让

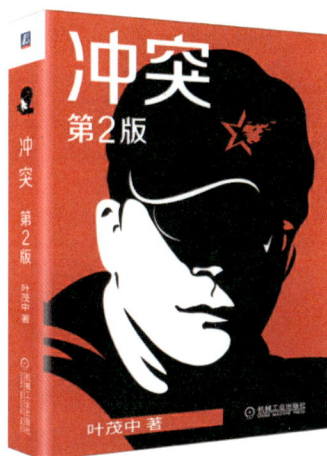

大家得到答案？你的视频能给予粉丝怎样的价值？

抖音有庞大的人流量，很多人喜欢在抖音上消磨时间，有的喜欢看电影剪辑，有的喜欢看乡村喜剧，还有人想在抖音上学习……

一边是用户在寻找答案，一边是创作者在输出价值，从而满足用户。

我们常说"抖音有毒"，就是有大量的视频内容创作者，创作了各行各业，各种各样的视频内容呈现在这里，我们手指一滑，就是一个视频。用户一分钟都能刷到好多个视频，但不是每一个视频都是他感兴趣的，只有刷到了他感兴趣的视频才会停留看一下。如果觉得对自己有用，才会点赞。如果视频内容跟他的观点一致，才会点赞、参与、评论，如果他觉得特别有价值，则会保存甚至转发给朋友，还会期待创作者的其他内容，他会进一步关注创作者，可能把创作者的所有作品都看一遍。

所以说内容就是不断满足用户的过程。总结一下就是：

点赞等于认同
评论等于参与
转发等于有用
关注等于期待

电商也好，传统的销售也好，我们都是在海量的人群中精准地筛选了目标人群，这就是一个"漏斗原理"。

一条短视频内容按照100用户来计算，可能有20个人点赞，10个人参与评论，2个人转发，1个人关注你。当然，

这样的比例肯定不精准，但大概是这个逻辑。直播间也是如此，1000 人次场观，购买者可能只有 10 人，这就要看你的主播能力和产品的转化能力了。

点赞、评论是免费的，关注、转发也是免费的，可以说用户不花一分钱就能在你的视频中得到知识、得到快乐、得到价值。他花费的只是时间成本。

粉丝又是重叠的。他可能对烹饪感兴趣，那么他可以关注一个把菜做得很好的达人；他对养生也是感兴趣的，那么他也会去关注一位讲养生讲得很好的医生。

那么他什么时候会消费呢？在他需要的时候，在你优惠力度足够大的时候，在他无意中冲动的时候。总之只要他把时间花在抖音上，总有他花钱的时候。这就好比我们在一个卖场看了一场电影，但是到了饭点，就需要去找个饭店吃饭，然后路过一个服装店，看中了喜欢的衣服，再买一套衣服，后来发现还需要一双鞋子来搭配，再去某个专柜买了一双鞋子，发现今天又有活动，干脆多买一双……

现在，这些场景搬到抖音上来了。

短视频内容是指你给用户传递的价值是什么，你所做的皆是在给予粉丝不同的答案。擅长烹饪的，你就去把各种菜的做法拍成短视频分享给广大粉丝；有养生专业知识的，你就是把养生的知识点拿到抖音上来讲；服装设计师就讲你的设计有多牛，你的工厂有多大，模特穿上你的衣服多有气质……总之，你是干什么的，你就能为粉丝解决什么问题。做好短视频一定要有利他的思维，迎合消费者，才会有消费者在你这里消费。

那么，什么样的内容才是优质内容呢？

1. 避免平铺直叙，尽可能制造冲突

我看到过，最简单的视频创作者。视频创作者就把童装一件一件地拍下来，标个价格，很简单直白地告诉你"来我直播间"，我是做童装的。你作为一个宝妈，可能要想买一件衣服给宝宝，然后你就会关注他。

那么一个成年人穿着儿童的服装，倒立行走并配上"加油"的 BGM，就是一种冲突。抖音是一个娱乐平台，也是一个电商平台。上面成年人的行为满足了大量用户的娱乐需求，这样的视频内容就是有意思的内容，同时一部分有童装需求的用户也会关注该视频，只是大家在意的兴趣点不一样而已，除了要购买童装的用户，大部分用户期待创作者还有更好的搞笑视频。

2. 避免拖泥带水，尽可能主题明确

我们常说万事开头难，其实短视频的开头非常重要，一个视频的前 3 秒如果不能引起用户的注意，不能抓住用户的眼球，也就意味着他不会再观看下去，所以前期创作的内容不能拖泥带水的，要用一句话、一个画面、一个冲突点让用户好奇，让用户惊讶，让用户觉得有趣。在剪辑的时候可以把结果或者高潮点前置，然后再讲过程。

3. 避免粗制滥造，随意拍摄也要经过后期的精心制作

短视频不是朋友圈，不是想发什么就发什么。

我曾因一个视频涨了 5 万多粉丝。我使用了一个热门音乐"抓鸡舞"，配上一段很有冲突点的文案。就有几百人跟我合拍，也有很多人评论，这个作品就火了。

短视频的内容不一定要是原创的，但是当你参考别人的视频拍摄时，可以"伪原创"，也就是用你的人设再去创作一次。

对于有巨大流量的抖音平台来说，只要你的演绎够有潮点，有冲突，同样会有大量粉丝参与你的作品。有时候原创的歌手没有红，反而是翻唱者红遍天，短视频也是一样。

口播的创作者，内容只是一部分，表现的形式很重要。短视频讲究的是表现力！即内容的展现形式。

4. 避免轻视文案，好的文案也是视频的一部分

文案是短视频重要的组成部分，文案可以是在底部的标题，可以是在画面上的文字，也可以是画外音。底部的文案不仅仅代表你的观点，还会对抖音的搜索引擎起到关键性作用，未来还会有一大部分用户通过抖音来搜索自己需要的内容。那么文案里的关键词就是抖音在搜索引擎中能够捕捉到的核心，包括你的话题，产品核心关键词。注意，搜索引擎不能收录画面上的文字，只有你的文字部分才有机会被收录。

创意不仅仅体现在视频上，文案更是创意的聚焦点。文案要么就是引起共鸣，要么就是引起冲突。多用问句，询问粉丝，让粉丝参与回答。

关于怎么写好文案，大家可以参考以下几个网站：文案狗、文案管、文案迷、梅花网、文案圈、广告狂人、名言通等。

II 启动账号

如果你已经认真看完前面的内容，相信你对抖音已经有了一部分了解，那我们该如何启动一个账号呢？

1. 确定账号定位和人设

同行是最好的老师。无论我们在做哪种行业，一定是有同行在做的，那么我可以先通过抖音搜索框搜索关键词，也就是我们做的行业或者产品。也有很多初创者自己没有产品，也没有现成的项目，这时可以先根据自己的优缺点做个 swot 分析，得出自己擅长哪方面，哪一个行业是我将来能够坚持做下去的。

2. 账号搭建

用个人实名认证的手机号创建一个抖音账号。主要是美化主页，一个抖音号就是一张名片、一个网站、一个商场……特别是我们未来要在抖音上变现的

S 优势　　W 劣势

O 机会　　T 威胁

账号，不能随意，一定要尽可能地给用户增加信任感。要注意昵称、头像、简介、个人信息、背景图等方面的细节。

（1）昵称。抖音名字要便于记忆，尽量不用生僻字，这样便于传播。可以是"××+行业"，如"麻辣德子""阿蔡美食雕刻"；可以是"××（地区）+名字"，如"山东猴哥""南京么么哒"；也可以是"××（擅长）+名字"，如"电工小建""小芳剪辑"。

（2）头像。可以理解为个人的logo，要清晰、便于辨别、有特色，颜色、字体大小也要注意，要有视觉反差并与作品相关为好。

（3）个人简介。介绍自己是做什么的，你的内容也要围绕这个主题展开。做到人设风格统一。

（4）个人信息。主要是年龄和地区，最好是真实的，便于粉丝记忆。

（5）背景图。背景图可以加上个人独特的口号，记住，这就是你的账号在抖音上的广告位置。

拍摄采用横屏或竖屏都是一样的，可以根据自己的定位来做。当然在实际操作中，我们发现横屏适合做内容，例如知识分享类的；竖屏在展示面更容易显出人物或者剧情，凸显人物场景。

一人出镜口播，适合做的账号类型包括：情感、求职、知识分享、好物分享。

图文类账号可以没有真人出镜。

多人出镜适合剧情，因为更具有丰满感，容易带入剧情。

为了提高粉丝信任感，还是真人出镜比较好。

文案创作要扎心，能引起共鸣，得到认同甚至制造冲突。

在画面构思中使用高清画质1080p，这样才能确保近景和远景都不模糊。

配套字幕时，普通话尽可能标准。语速不易过快，这样使用软件剪辑时便于系统自动识别，也能提高用户的听觉和视觉感。

在音乐的选择上，尽可能使用热门音乐。

话题中添加"如何""怎么做""为什么""揭秘""你知道吗"等字眼，多使用问题或者互动式话题，更容易让用户跟你互动评论。同时要保持创作作品的频率以及定时更新垂直优质作品。最好能做到每周一更新，甚至每日一更新。

多关注对标账号，能从对方的创作灵感中找到值得借鉴和超越的地方。切勿抄袭或搬运。

当作品播放量达到2000以上，可以尝试用"DOU+"分析平台来矫正人群。这样还可以定向截取相似达人的粉丝，我们在投"DOU+"时可以对标达人20位，千万记得不要投给一些大V，因为我们一开始是很难吸引到他们的粉丝关注的，除非我们的内容非常硬核、有料。

创作的作品视频的伴奏尽量与我们的内容相关，如果想蹭热点，也要选我们目标粉丝（考虑性别、年龄等因素）喜欢的。

在发布视频作品时，尽量打开定位功能显示位置信息，有线下门店的一定要有定位，便于我们获取同城流量。

如果是新手，有心理障碍，担心亲朋好友看到不好意思，可以选择关闭通讯录。

当作品发布后我们需要在评论区和用户互动，如果有一些"神评论"那是非常好的，可以带动评论的气氛，会有更多的用户来参与。同时还可以在评论区做引导。

这里要注意的是个人号不可以放置联系方式，个人账号也是只能由本人直播。因抖音平台设置的是实名认证。如果想要公司其他同事参与直播，就要考虑认证企业账号了。

企业账号也很简单，大家按照步骤去认证就可以，只要你有营业执照就可以。企业号的认证需要缴纳 600 元保证金。而且经营范围要跟你将来要带的货是属于同一经营范围，即营业执照上有的经营项目才可以在抖音上销售。当然，不同的行业还有不同的资质要求。

但是企业号的权益比个人号要多很多，可以光明正大地留下你的联系方式、官网链接或者是挂上小黄车销售产品，哪怕是打广告都是不会被限制流量的（有一些谣言说一旦认证了企业号就是限制流量都是不存在的），只要作品优秀，根本不存在限流的说法。企业号的好处是还可以多人直播，这样便于我们拉长直播时间。

‖　巧用关键词

说到搜索，我们就得谈到关键词，因为搜索展示就是依靠关键词来呈现的。

在短视频时代，我们常说"内容为王"。但是普通的创作者或者新手，哪怕是网红创作者，也不能保证每一个视频都能被抖音推荐，这时候我们可以用大量的视频数量来增加曝光量。那么我们在每一个视频都植入自己产品的关键词。目标精准的客户在搜索相关产品时，我们就有机会展现给目标客户看。

关键词可以归纳为以下几个类别：

（1）泛关键词

（2）核心关键词

（3）长尾关键词

（4）问题关键词

（5）相关联关键词

（6）借力关键词

1. 泛关键词

"泛"就是广泛的意思，其实就是行业名称、产品或者服务类别等具有广泛意义的词汇。比如：服装、化妆品、家具、鞋柜、鞋子、瓷砖等，这些都是泛关键词。因为很多消费者往往并不了解每一个细分产品的名称，对于某个物品，南方和北方的称呼不同，不同行业的人也有不同的叫法。比如有的人称电饭锅为电饭煲，有的人称计算机为电脑，有的人称红薯为地瓜，有的人称鼠标为滑鼠，有的人称米线为米粉。那么，我们在使用泛关键词的时候，就可以利用这种差别，选择别名扩展的方式，以区别于其他同行业的竞争对手。例如我们要卖的产品是女士裙子。当我们发布视频的文案里有"裙子"这个词语时，在搜索时，就有机会展示，但是因为太广泛，不能明确到精准的目标客户。因此要时行细分，比如女士裙子按照款式还可以分为：女士连衣裙、女士短裙、女士吊带裙等，还可以按照季节、颜色、布料、品牌等来组合。我们可以组合成：春季女士连衣裙、粉色女士短裙、碎花女士吊带裙等。

产品名称越广泛，搜索的人群越多，也越不精准。

shì	chǎng	zài	kè	hù	de	nǎo	dài	lī
市	场	在	客	户	的	脑	袋	里

可以根据自己的产品去思考，你的客户会怎么搜索，你的产品特性是什么，然后组合成每一个关键词组。每一个视频用一到两个关键词，不宜太多，否则就是堆砌关键词了，这样的内容虽然有文案了，但是粉丝看着不舒服，也不受抖音算法欢迎。我们做短视频文案，不仅是给用户看，来辅助解读创作者要表达的视频内容，同时要考虑抖音机器人算法。

我们做短视频的目的就是要找到目标客户。如果你拍摄了一个连衣裙的短视频。文案里没有任何"连衣裙"的关键词，虽然用户看到了你要展示的是连衣裙，但是抖音是不知道你表达的是什么，那么当目标客户搜索时，你的这个视频就不会出现。

2. 核心关键词

字面意思就是你要讲的核心，还是拿推广连衣裙来举例。你现在推出一款夏季碎花 V 领连衣裙。你是服装工厂，想找代理商，那么"连衣裙生产厂家"就是你的核心词。同理，也可以是"连衣裙工厂""连衣裙批发""连衣裙工厂货源"等，占据目标客户的心智资源的核心词就是你的核心关键词，这一点很重要。虽然越精准，搜索的人群越少，展示的机会也越少，但是这能让你找到精准客户。我们也可以用长尾关键词来辅助我们的核心关键词。

3. 长尾关键词

"长尾关键词"指可延伸性、针对性强、范围广的关键词。比较容易理解。最重要的是以客户角度的搜索意图和思想为宗旨来进行部署就可以了。

长尾关键词的特征是比较长，往往是由 2 至 3 个词组成，甚至是短语，存在于内容页面，除了内容页的标题，还存在于内容中。搜索量非常少，并且不稳定。

我们可以在核心关键词前面或者后面加上我们的产品特性，例如"春季""2021 年新款"，加上你的商业模式（批发，代理）组合成"2021 年春季碎花连衣裙批发""2021 年碎花 V 领连衣裙代理""碎花连衣裙厂家""新款连衣裙生产厂家"，这些都可以称之为长尾关键词，组合的方式有：特性 + 核心关键词 + 模式；

地域 + 核心关键词 + 模式。比如"上海春季新款连衣裙批发"，在发布视频的时候，加上自己的定位，这样就容易让上海地区的客户看到你的视频。

显示地域是实体销售最好用的方法之一，抖音同城号就是这个意思。当同城的客户寻找产品或者服务的时候，他们也可能会这么搜索，同时抖音的推荐机制也会让你的定位视频曝光给当地的消费者。

"上海养老院价位"，当有用户搜索这个词语的时候，说明用户在上海地区有寻找养老院这个需求，作为一家养老院，我们发布视频的时候就把这样的长尾关键词写在内容里，搜索机制就会展示给用户。

4. 问题关键词

之前网友有问题去百度问答，去知乎。现在完全可以在抖音找到答案。

上海哪里有儿童服装定制？ 鱼香肉丝怎么做？苹果笔记本死机怎么办？等等，很多用户会在抖音搜索需要的产品或服务。我们能提供什么样的产品，我们也可以在发布内容时把这样的问题写在内容里，告诉客户，我们是可以为他提供解决方案的，那么这个视频不仅仅是展示，更是让客户找到你的一个渠道。把自己的产品或者服务再细分，整理出一系列关键词，大量发布不同的短视频，只要在文案里呈现关键词，我们就有机会让客户找到我们。注意，不是视频字幕，是内容部分。只有文字在内容部分，才能被搜索引擎捕捉到。

细分不仅专业，也很精准。未来一定是在某一个领域越细分，越能找到精准用户，同时，会让你把一个细分领域做得更大更强。

在抖音里，我们不要指望什么货都卖。哪怕只卖女孩子绑头发的皮筋和卡子，把这一系列的皮筋和卡子做到极致，市场就足够大了。

5. 相关联关键词

网络关键词不仅仅是我们对自己产品和客户对产品理解的吻合，有时候我

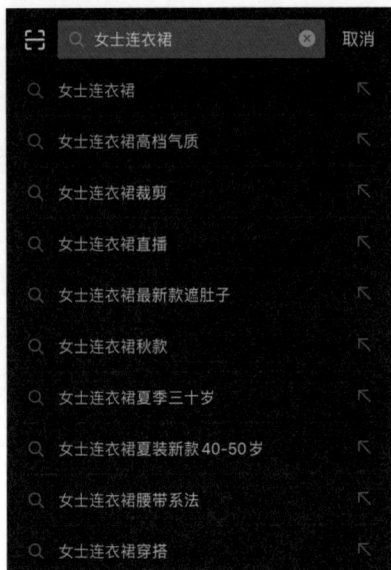

们也可以根据搜索引擎得到数据，抖音搜索会给你推荐，哪些词语是跟你的关键词相近，同时又是近期有网友搜索的词语。

当你在搜索框输入"女士连衣裙"时，下拉框还会出现更多相关联、接近的关键词，这时，你要学会查找，并知道哪些词语是你可以用的。

这一点很重要，因为是有目标客户在搜索，意味着客户有需求。如果你输入的关键词没有出现相关联关键词，足以说明这个关键词产品没有市场需求，或者说产品比较小众，这个时候需要谨慎，它也许是蓝海市场，也许就是没有市场需求。

6. 借力关键词

主要就是借用知名品牌、借用名人、借用热点事件等，但是我们也要避开风险，不误导消费者，同时又能合法地便于搜索引擎找到我们。

我们怎么把"耐克""华为"写在文案里？比如你要推广一款性价比极高的鞋子，但是你的品牌没有"耐克"这么知名。就可以这样写，"非耐克，但是更舒适的运动鞋"。这样当用户在搜索"耐克"鞋的时候，你这个视频也是会出现的。也会有一部分用户来看你的视频，听你的讲解，这部分用户中也会有一部分用户改变主意选择购买你的产品。从法律角度来讲，你并没有说自己的鞋子是"耐克"的，但是产品却得到曝光。

再举个例子，"不是华为，但是更有作为的手机数据线"。你是卖手机数据线产品的，这样的借力关键词就很好用。借用品牌，但是用了"非""不是"等字眼，又很好地避开了风险。再比如写"Angelababy 买不到的连衣裙""没有同款"这样的文案，当有客户搜索"Angelababy 同款连衣裙"时，你的文案也会出现。

当"H&M"闹出"新疆棉"事件，淘宝大量商家借力用了"新疆棉"这个关键词，"薇娅直播间"新疆棉产品当晚的直播大约有 1000 多万人观看，薇娅在直播间上线的新疆棉产品包括儿童衣物、毛巾、袜子、床上四件套、浴巾等日常用品，仅仅 1 个小时的时间，直播间的销售额就达到 2300 万元。

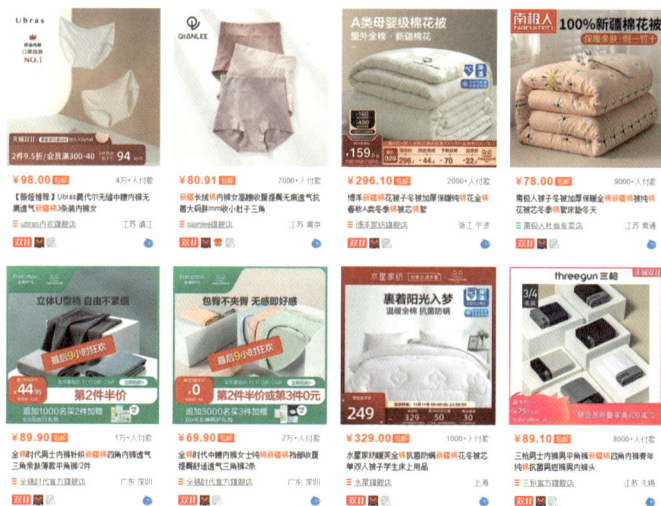

借力才是商业的最高境界。想想你的产品怎么借力吧。

好好整理一下自己的产品关键词，不同的视频发布不同的关键词文案，大量且持之以恒地去做，相信你的短视频一定有机会获取更大的曝光。

∥ 做抖音算法的话题关键词

什么才是我们产品的关键词呢？关键词还分为哪些？怎么去查找目标客户的关键词呢？（建议企业找一位懂得电商运营的人才来参与短视频号的运作。）

消费者心目中的产品搜索词跟卖家的词语可能是不一样的，相同的产品，不同的叫法。那么通过搜索引擎呈现出来的结果就是完全不一样的。

给大家推荐一个抖音官方的工具——巨量算数。

它能洞察热词、热点的热度趋势，支持抖音、今日头条等多端热词的关联分析、人群画像等功能，支持热点事件发现和热点事件分析功能。

　　我们可以把产品关键词输入搜索框，查看产品的搜索热度，以及搜索人群的画像，包括了相关性词语，我们再结合关键词交叉检索，得到搜索量及客户关心的关键词，无论在推广还是短视频文案中都可以使用。这样就是借用了系统得到较为真实的客户需求。

　　产品的核心关键词以"高跟鞋"为例。我们可以根据产品的特性、季节、款型等进行组合。也就是我们常说的"长尾关键词"，如"尖头高跟鞋""细跟高跟鞋""春季高跟鞋""新款高跟鞋""41码高跟鞋"等，在视频中可以将对应的关键词体现在文案里。

　　我们再看下图的相关搜索，这些词语不是抖音工作人员设置的，而是根据近期网友的搜索量展示出来的，说明有很多网友在抖音上搜索这些词语，说明了网友的需求，那么这个时候，我们发布短视频的文案中最好出现这些关键词，这样当客户再次点击相关搜索的关键词时，我们的视频就有可能被网友看到。

　　当我们搜索"高跟鞋"时，还会出现下拉框，这个都是最近有用户搜索的相关词语，这些我们称之为"下拉相关关键词"

　　以相关搜索第二条"高跟鞋走路很火的视频"这个关键词为例。通过搜索入口来看，如果你的视频文案中出现相同的词，你就会有更大的机会出现在用户面前。用户搜索后你的视频能否出现，跟你的粉丝

数、点赞、评论、转发数量没有关系。因为系统捕捉到的是关键词。

上图话题＃高跟鞋怎么选＃高跟鞋分享，就包含了"高跟鞋"这个关键词，同时这也是关于高跟鞋的话题，那么关心这个话题的，是不是就是我们的精准目标人群呢？答案是肯定的。

未来一定会有更多的粉丝通过搜索自己想要的产品而使用抖音搜索引擎，这样能更快捷找到自己想要的产品。同理，如果某个粉丝想了解自己喜欢的品牌产品，通过搜索不就很容易找到你了吗？

我们要抓紧时间来布局，尽快多拍视频，今天视频的播放量如何，涨了多少粉丝不重要。重要的是我们需要先动起来，每一个视频可以加入两三个关键词，试问你的行业、你的产品、你的品牌经过多次不同组合关键词，未来你的目标客户想找到你的机率是不是大很多？

当客户搜索产品"高跟鞋"时，比较火爆的视

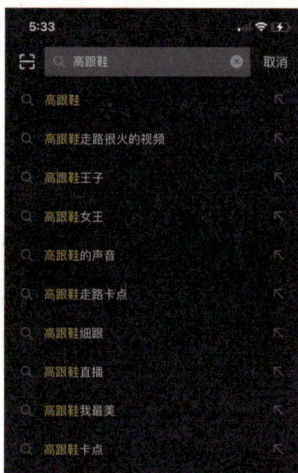

频就会出现，因此，做好一个高质量的热门视频就显得尤为重要。毕竟那样可以得到更多的展示曝光，有机会吸引你的粉丝从关注到形成购买。

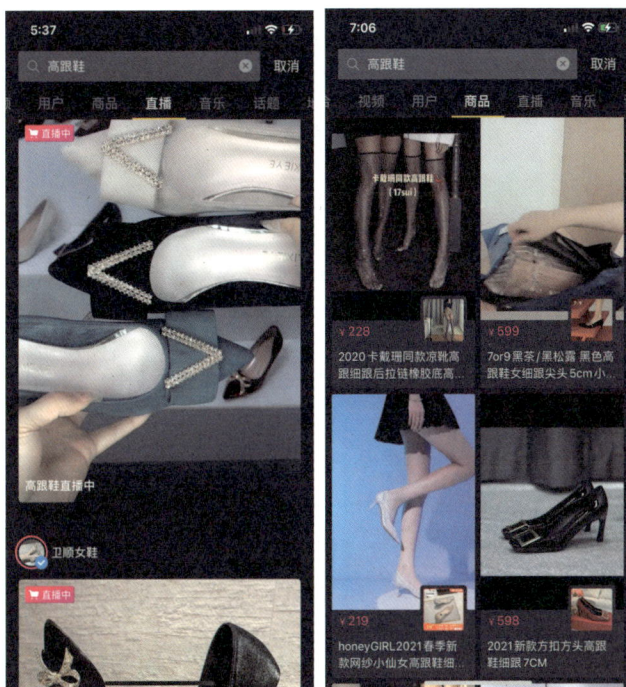

　　上图中的这条视频带动了 568 笔销售，也就是说这条视频实现了 8.4 万的销售额，当然，比这条视频成绩更好的还有很多。

　　当客户搜索产品"高跟鞋"点击"商品"时，只要是短视频中挂上购物车的视频就会出现在页面上。

　　这是完全可以带动销售的，有粉丝看到喜欢的就会马上下单。当然，如果看到此视频，你的账号正在直播中，那么客户可能会进入直播间看看。总之搜索就是一条路径，也就是我们常说的"漏斗原理"，一点一点筛选了客户。

　　在直播开播之前会有一个选项，就是你要选择一个直播话题，那么当我们选择"高跟鞋"这个话题时，你的直播就会出现在搜索框的直播栏。

　　当我们发布视频时，要有一个话题，这个话题需要用剧情、产品、音乐等来配合。

　　关于文案的创作，我们后面会有单独的篇幅来讲，但文案一定要有一个话题，以此让索引擎能找到你的作品，让我们的视频获得更多曝光。

地点也是一个增加流量的技巧，我们的办公地址、工厂地址、门店地址都是可以通过设计来完成的。可以用品牌＋产品关键词来发布定位，这样抖音会展示地址以及目标客户远近。

我们之前做了实体店的百度地图，经常会有客户来到实体店购买。客户会根据自己的需求找到就近的门店选购商品。如果是高跟鞋高端定制，客户就有可能通过你的抖音地址找到你。做互联网销售就是要在各个渠道布下一张巨大的网，满足不同需求的客户找到你。

认真研究你的目标客户在哪里，他们又会怎么搜索你们行业或产品的关键词呢？抓紧时间去做，因为你动起来就意味着成功了一半。未来一定会有大量的用户使用抖音搜索，因为这实在是太高效了。

Chapter 3

抖音的人、货、场

　　"人"是指卖货的人和买货的人在直播间相遇，通过直播的讲解让买货的人产生信任。

　　"货"就是超出买货人的预期的产品。

　　"场"就是你的视频或者直播间的氛围。

抖音，不仅仅是记录美好生活

11   抖音"兴趣电商"的人、货、场

做任何生意其实都是做人的生意。在抖音的世界里，会根据自己的喜好去观看视频并且对作品进行评判。

短视频创作者的个人 IP 其实就是把自己展示给有相同价值观的朋友。

抖音就是一个社交平台。每个人有很多个情感账户，情绪是做好短视频与粉丝链接的唯一桥梁，没有认可就没有成交。作为短视频创作者应该学会制造情绪、放大情绪、调节情绪。

随着"新零售"不断渗透进我们的生活，我们听到的新鲜词汇越来越多，例如"新零售人、货、场的变革"，大家都在提这个概念，它显得好像很高深，那么究竟什么是人、货、场？抖音里的人、货、场又有什么变化呢？

人、货、场究竟指什么？

人、货、场真正解释起来其实也不难，它们是零售行业永恒的 3 要素，人就是消费者，货就是商品，场当然就是售卖货物的地点。当然我对人、货、场

也有另外一种诠释。

有人要问了，既然这么简单，那为什么经常有行业大咖反反复复地提及人、货、场？我们仔细琢磨一下，发现它虽然概念简单，但要做好，也没那么容易。

你得选对主播。主播需要准确定位目标消费者群体，琢磨他们的消费喜好、消费习惯，这样才能有针对性地推出符合需求的商品。对于抖音直播来说，"人"最重要的一个层面就是主播。

好的主播应该具备戏精的特质，一旦上播，就是浑身都是戏。能够使消费者更加舒心愉悦地购物，增加粉丝信任度和消费黏性。主播的语速要快，能在单位时间内快速输出更多的有用信息。主播激情满满的状态更能激发客户下单。

同时直播间工作人员相互协作也不是件简单的事。

所以说，人可以总结为卖货的人和买货的人。

作为卖货的主播应该具备非常专业的知识，能够非常了解自己要销售的产品，产品的卖点以及讲出产品跟其他同类产品相比的优势。同时，主播要具备一定的情绪管理能力和控场能力。

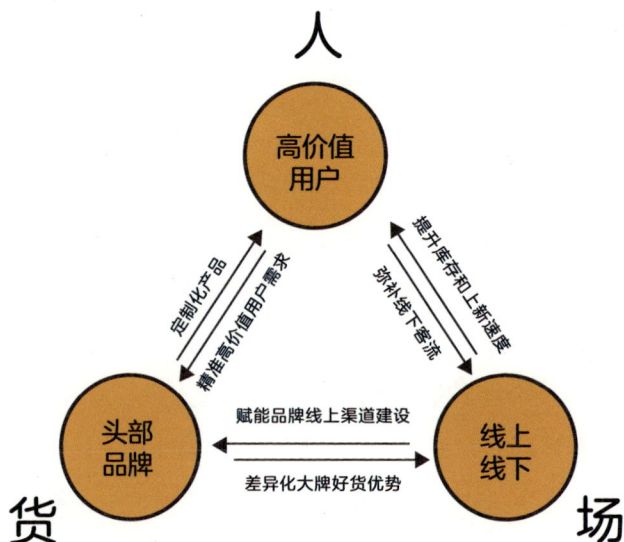

颜值即正义

有较好的颜值当然会更好。因为直播带货说的是"货带人",而不是"人带货"。人带货是大咖网红,有一定的信用背书,他卖什么,粉丝买什么,这个不是我们一般直播间能够复制的,例如李佳琦、罗永浩。

他们的个人 IP 足够强大,当然他们背后的团队在选品、价格和供应链上也有极大的优势。

买货的人就是我们的消费者,这里讲到的"人",就是下单的人。在众多的直播间能够为你驻足并听你讲解产品,从而产生兴趣下单的人。这一点我们在"直播间的技巧"一章会去详细讲解。那么我们怎样能让他们在直播间下单呢?一定是你能触碰到他的需求点、兴趣点。这也是现在抖音提出的"兴趣电商"。

你得选合适的货,选择好货。我们看到现在很多网红都在讲"严选""心选"其实就是告诉粉丝这个产品是好的,那么什么才是好货呢?好货的标准又是什么呢?

例如卖水果,没有烂的、没有破的,卖服装没有线头、没有破洞等,这些都是最基本的产品标准,"好货"的基本标准是消费者能从外观看到的缺点之外,还能超

越他的预期的产品。

我们常说的好产品是要么让消费者尖叫，要么让消费者笑的产品。

互联网时代，消费者基本是在担保平台交易，如果产品不能超越他的预期，那么至少不能让他觉得不值这个钱。因为退货的主要原因，就是觉得产品不值这个钱。相对而言，现在的消费者是占有绝对优势的，买了运费险的他不需要承担一分钱风险就能把货物买回来作比较。

所以货物的选品是关键，很考验选品团队的能力。

当然，如果产品就是我们自己生产的，我的产品就是这个标准，就是这个水平。那我们就需要在自己原有的包装、品牌上下点功夫。至少要做产品升级。如果做不到好看、好用、好玩，就要做到好价。价格有优势、物有所值，它依然是"好货"。因为它能达到消费者的预期。

好的产品可以让粉丝一看到就有想买的冲动。只有货品优良，风格适合，才能够吸引更多人前来购买，这一点我们会在"如何打造爆品"章节着重讲解。如何做好一个产品？做好一个爆品？在抖音更要懂得爆品思维，毕竟"一招鲜，吃遍天"。

场，场景也。直播间是我们销售的场景、成交的场地，讲究的是匹配度。它包括直播间布置、灯光、货架、直播间画面、摆设等直播间的场景设计。

场，人气场、主播的气场、滚动字幕屏、在线人数、直播间音乐设计都

是很有讲究的。很多细节决定了我们的消费者进入你直播间考虑是要留下还是离开。

我们举个例子，当我们滑到一个直播间，直播间在线人数有 1 万人，我就会好奇他是卖什么的？为什么会有这么多人？是他的产品特别好吗？是不是价格特别有优势？还是产品特别好？我就会停下来看看。至于直播间的细节，我们集中在"直播间技巧"这一章节分享。

梳理一下，"人"是指卖货的人和买货的人在直播间相遇，通过直播的讲解让买货的人产生信任。

"货"就是超出买货人的预期的产品。

"场"就是你的视频或者直播间的氛围。

另外，附带提一句，普通的抖音商家要自己完成人、货、场的变革也不简单，因为里面涉及数据采集、数据运用的问题，那我们该怎么办呢？目前市场上有很多提供抖音数据技术的平台，例如"蝉妈妈""抖店""飞瓜"数据等，它们会提供直播间销售额、场观人数、转化率、同行账号的直播时间、在线人数，直播数据都能及时并且一目了然地看到，我们要借助于这些工具来分析、学习同行的经验，这对于每一个账号而言，都是个蛮聪明的做法。

Ⅱ　人

1. 如何选、用、留好主播?

一个好的主播可以说是直播的灵魂人物,好的主播一定要稳定。特别是企业在做直播带货的时候,会出现好不容易培养起来的主播离职不干了,这对直播带货来说可能带来断崖式的销售压力。主播相当于我们销售中的精英人物,完全决定着销售额的高低。

主播也是一个新兴的岗位,现在这个行业人才比较紧缺,除了一部分网红之外,未来的企业品牌自播、店播会是常态。

我个人一直在强调,我们不是 MCN 机构,也不是网红孵化团队,对于中小企业来讲,一定要重视网络直播,无论是天猫直播、视频号直播,还是快手直播、拼多多直播,以后直播是企业的必经之路。以前新媒体部门负责自己的网站、公众号,目的就是通过互联网让客户找到我们,以后就是企业的直播号了,无论在哪个平台直播,直播一定是中小企业的标配。直播是新的流量入口,也是新的销售渠道,所以,当你看到这本书的时候,要马上组建自己的直播部门。

想做好短视频直播，首先企业老板要重视、要参与，否则是很难做好的，特别是小微企业。

你看雷军、董明珠这些大咖都亲自上阵了，你还有什么理由不行动？

就像互联网时代，我们做网络营销，很多企业一把手认为别的企业有网站，我们也得有。然后就指派手下人去找建站公司建一个网站，怎么好看怎么高档怎么来。网站建好后以为就有人访问了，就能带来生意了。殊不知企业要做营销型网站、符合搜索引擎收录的网站，要做访客想要看的网站。有人听说别人的网站在做搜索引擎推广，自己也去做，结果网站做得普普通通，根本没有体现出企业的优势，甚至连企业的主营产品都是简简单单的一张图片，结果推广了花了不少钱，也有很多访问量，就是没有带来几单生意。这就是企业一把手没有重视的结果。

同样，直播也要我们小微企业老板自己重视，因为是新兴的事业，本身中高层也不是特别了解，如果没有足够的时间和精力投入到学习中去，没有足够的重视，也是很难做好直播的。我们从一个直播团队来讲解直播部门到底要怎么组建，才能有机会做好直播带货。

人员组建主要有直播运营、主播、直播助理等，在视频端还要有拍摄、剪辑。当然，小团队可以一人兼任多职。

李子柒成为大网红之后，虽然拍摄不需要自己来做了，但是剪辑还是她亲

自完成。还是会参与前期的拍摄脚本讨论、素材场地选择等工作。

先说运营，最好要有电商的经验，能够看得懂数据，毕竟抖音小店后台的数据逻辑和传统的电商是相通的。

运营相当于项目组长，要有一定的团队管理经验。短视频是很适合用"阿米巴"的小团队模式来管理的。

不要指望一个运营能做若干件事，只要能做好一个账号，就足够了。一个账号工作量已经够大了，需要运营带领团队、直播上下架产品、复盘直播数据。可以说视频的前期运营需要全程参与，负责选品、产品卖点提炼、直播话术、直播控场、直播后复盘、产品发货、售后跟踪等一系列的操盘。

主播是直播的核心人物，现在做得好的账号已经是 24 小时直播了，那么一个主播显然是不可能胜任的，我们要根据工作量来调整直播时间。一般一个主播直播两到三个小时肯定是需要休息的。我们的主播要形成统一的话术，当然可以根据不同的主播调整直播的风格。

因为我们是"货带人"的模式，不是网红，所以主播颜值不是最重要的，但是专业性、销售技巧、控场能力还是可以通过学习来提升的。

主播在没有人气的直播间是很容易消沉的，换成谁都是一样的，对着只有个位数的直播间，粉丝如果再没有互动，主播很难坚持下去。我们也曾经在直播间对着几个人来直播，一样会有成交，只要有人愿意停留在直播间，就要懂得坚持。试问一下，如果是实体店、线下客户，你接待一个客户不是一样要接待吗？直播间前期人数不多反而是好事，可以锻炼主播的心态和直播能力。

不要错误地认为直播间要有很多人才是有意思的直播，有时候视频或者直播间上了大热门，人气一下子上来很多，没有经验的主播也是招架不住的。所以做直播要有"农夫"的心态，该播种的时候播种，该施肥的时候施肥，按照种庄稼的心态去坚持做，一旦到了收割的季节就要全员努力，全力以赴去做好这场直播。一场直播一定要把前期的准备工作做好，只要用心耕耘，相信你一定会有好的收成。

2. 如何选择一个好主播？

有经验的主播不一定适合你的企业，因为行业的区别、产品的区别、团队配合度等都会影响主播，前期我们也建议企业或者实体店自己培养主播。

选主播基本的标准是：

（1）普通话标准，有一定的口语表达能力，逻辑思维清晰。

（2）有良好的镜头感，表现欲强，敢于在镜头前展示自己。

（3）有良好的心态和一定的抗压能力，性格外向。

（4）热爱销售，愿意学习新知识，提升自身的专业能力与职业素质。

无论是哪个岗位，成员都要有团队精神、有团队意识，因为一场成功的直播绝不是一个人的努力能够完成的，而是整个团队成员的付出和努力。

主播做得好的时候，心态是很容易发生变化的，这在直播行业特别明显，所以企业直播一定要不断培养和吸引新的成员的加入，重视也要弱化主播，不要依赖一个主播。

主播现在就是一个职业、一个岗位、一个销售员。小微企业或者一个门店，可以一个企业账号轮流直播，也可以一个人负责一个账号，多账号同时开播，就像一个企业有很多销售部门一样，去分开做直播销售。

在选择主播这个岗位的人员时，不一定需要有经验的，直播行业是个新兴行业，从业人员不是那么多，也没有太多的选择。最好的办法还是企业自己培养。我认为素人主播反而更能胜任工作。

所谓"素人"，就是之前没有从事过这个行业的人，他们面对镜头可能会紧张。当然，我们要找完全能够通过训练完成工作的主播。主播能够按照直播间话术自如地讲解产品。主播对产品的了解、专业性、销售技巧都很重要。对于主播来说，相貌不是最主要。只要你的长相不是太特殊，就完全可以通过美颜来进行修饰。企业直播、工厂直播、品牌自播属于"货带人"的模式，主播就是卖货的，而不是客户因为主播而产生购买的。可以说是因为这个人讲解得有趣，讲解得明白，还有一定的促销活动进而让客户下单。

"人带货"的模式对于企业也好，品牌也好，后期反而不好复制。我们需要的是一套完整的产品培训体系、卖点培训体系、成交话术设计，主播只要按照我们设计好的话术来讲解即可。因为直播间客户停留的时间是有限的，客户没有耐心听你的长篇大论，我们就是卖货的，卖货就是讲究卖场（直播间）氛围，让客户看到你的直播有成交的画面感就够了。

你是通过产品或服务来解决客户问题的，直观、简明扼要、有趣地把产品分享给客户就可以了。

3. 如何用好一个主播？

主播同样是我们的一员，一定不能把主播捧得太高，这样会让其他成员不舒服，产生矛盾。

主播的薪酬制度可以根据企业的销售制度去制定，常见的就是底薪＋提成的做法，但是我建议采取目标 KPI 管理模式，重视团队的目标，因为是销售性质，还是比较容易设定目标、控制利润的。管理者可以根据企业的特点进行调整。

主播是个很辛苦的职业，比传统的客服更消耗精力。因此主播需要团队成员给予更多的关心和关怀，状态不好的时候需要休息。一对多的销售模式，没有良好的状态也是很难做好销售的。我们要求运营全程参与就是根据主播的情况做工作的调整，好比一个球队在参加一场比赛时，总教练要随时准备让替补队员上场。

4. 如何留住优秀的主播？

我们一直强调主播的重要性，特别是娱乐主播、网红主播，一个主播就是这个账号的生命力，因为粉丝为他而来，这个时候主播的离开就能导致这个账号的结束。企业品牌直播，店播一定是弱化主播的，就是换上其他主播也能照样能继续下去。当然公司辛辛苦苦培养的主播人才的流失对企业来讲一定也是个损失。在留主播这件事情上，可以根据企业的人事标准做相应的调整。优秀主播离开，无非也就是有更高薪酬的企业可以选择，或者是在这里发展受到限制，作为管理者需要洞察主播的心理，可以尝试给予该账号或者该项目一部分分红权。

让优秀的主播有成长晋升的机会。小微企业甚至可以让他成为合伙人。这里的"合伙人"准确来讲是这个账号或者是这套产品体系的合伙人，而不是公司的注册股。要想真正留住优秀的人才，留住主播，还有很多技巧和精神及物质的奖励方案。

现在的年轻人留在公司，要么能有所成长，要么能赚到钱，90后、00后员工更重视我在这家企业是否快乐，所以打造一个活泼、积极、愉快的工作氛围是当下小微企业主要认真对待的事情。经营企业从来就没有一个完完整整的公式模板可以套用，只能根据企业、店铺自身的情况来把握。

II 货

货品可以是实物商品也可以是虚拟产品（例如在线课程），当直播变成常态，一定是拿你最有优势的商品来直播销售。

一部分主播是没有货源的，这时，就可以通过抖音的"精选联盟"来选择你能销售的商品，抖音直播的好处是可以跨类目挂不同属性、不同行业的商品来销售。

对于自己工厂、品牌方来说，销售的可以是自己企业的商品，也可以销售周边的辅助商品，尽可能让粉丝觉得你在这个领域是专业的。找你买，是因为你对该商品更专业、更有优势。优势可以是价格，也可以是专业性。

在货品的选择上，我们一直在强调的是"好货"。好货的标准又是什么呢？同等价格下，商品的品质一定是要大于商品的价值，也就是物有所值。最基本的是你不能在直播间销售三无商品、粗制滥造的商品。无论是在直播间也好，传统的线下门店也好，商品的品质一定是客户最关心的。

做买卖，不论在什么的场景下，都不能是一锤子买卖，直播间只不过是运用了直播这个平台来销售，因为都属于线上销售，千万不要忘记了，很多商品还是属于电商的范畴，7 天无理由退换货是平台硬性的规定，如果你的商品不够优秀，那么客户即使现在购买了，最后还是会退货的，这样只会大大增加你的退款率。这是搬石头砸自己的脚。

所有的商品不是因为抖音才存在的，只不过是抖音上确实有很多新品，平时很少见到或者是现在一些新品都在抖音这个平台上作为新品首发了。

我们常说，适合抖音的商品要具备好用、好看、好玩的功能。当然作为"兴趣电商"，还要有较好的性价比。很多人会误解抖音这样的平台只适合销售低客单价的商品。其实不是，随着大家在抖音购物习惯的养成，会有越来越多的商品在抖音上销售。

目前除了成人用品、情趣用品、医疗器械等不宜展示的商品之外，很多商品只要资质齐全，都可以在抖音销售。

II 场

在传统的线下零售中集市、商场、会所等都是交易的场所，那么我们在线上销售产品或服务，线上的场景又包含了什么？

我们从视频端和直播间来进行阐述，在什么样的场景下更容易达成销售。

一个账号的定位决定了你需要做什么样的内容呈现给粉丝。我们在什么样

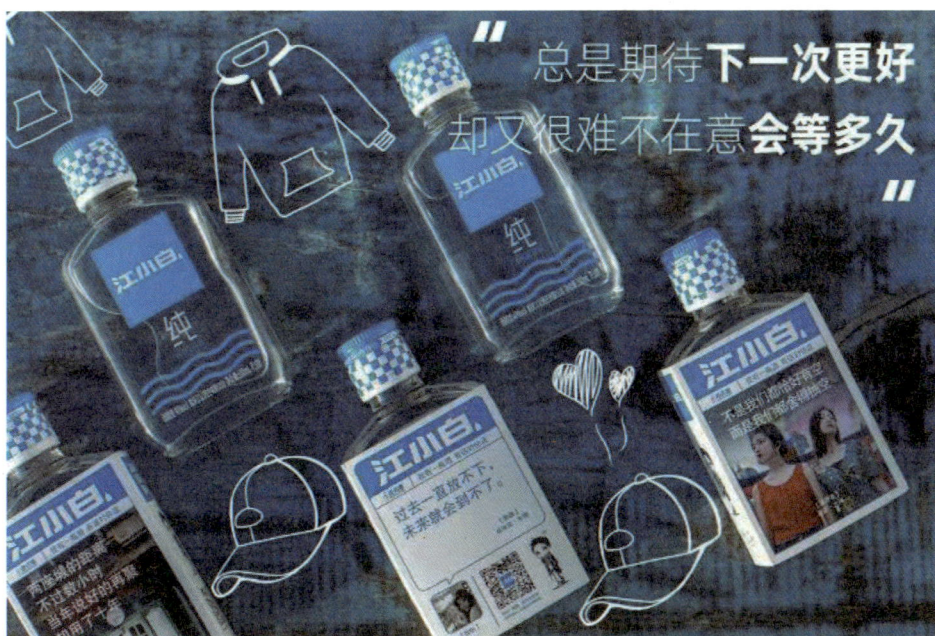

的场景下拍摄，这是决定你的视频是否能获取更大曝光的一个重要因素。

场景需要应景，也需要冲突，更需要表达你的创意。场景还是产品对客户需求的描绘。例如"江小白"就是通过文案，给予白酒的使用场景。一群喝酒的人，因为它的文案而显得特别应景。

让消费者看到产品还能联想到使用场景，这会增加用户的购买行为。

当我们要拍摄农村题材的，就要走进农村去取景，能够让用户一眼就能看出来你是在农村，有种身临其境的感觉。

电视剧"乡村爱情"以大学生谢永强与农村女青年王小蒙的爱情故事为主线，塑造了一群鲜活的、富有新时代气息的农村青年形象，它就选择了东北农村作为拍摄的场景，还原了几对农村青年的爱情生活、创业故事，多角度地向我们展现了一幅当代农村青年的爱情生活画卷。

在农村居住过的人看到这部剧，感觉这样的场景很熟悉，好像又回忆起了当年自己在农村的各种生活景象。居住在城市的观众又觉得很好奇，因为他们没有看到过真正的农村一年四季的乡村风貌，加上演员的搞笑幽默的表演，让该剧收视率特别高。

在抖音上有一个视频特别火，就是讲农村人上厕所，都要咳嗽一声，确认厕所里是否有人。那么这时在场景的选择上，一定要找原始的厕所作为拍摄场地。其实现在农村使用这样厕所的人家已经很少了。大家对此觉得很好奇，也搞笑，这时就会进行评论，城里人觉得不可思议，农村人表示曾经也是这样上厕所的。这就是我们常说的作品有了粉丝的参与。其实抖音是用算法来给作品做评估的，评论越多，就越代表这个作品受人喜欢，抖音的算法机制就认为这是一个好作品。大家在参与评论时有了时间的停留，一个作品的完播率越高，证明用户停留时间越长，越能证明你的作品是个好作品。一个平台的核心价值就是把用户的时间留在平台。

我们把短视频分为以下几个类别：搞笑剧情类、知识分享类、好物分享种草类、测评打假类、同城探店类、影视剪辑类。

在账号打造之前，我们就要思考是做哪类账号，然后就要考虑怎么选景，需要在什么样的场景下拍摄。好比要拍摄一部电影，需要看景、选景、取景。

我们看到过一些知识分享类的主播，把自己的直播间打造得跟电视节目访谈的直播间一样，这也是一种表现形式。

短视频的表现形式重要性大于作品的内容。很多时候我们也一直在说"内容为王"。也就是好的内容才是短视频的核心，但是没有特别好的展现形式，它也不能称之为好的作品。所以，场景的展示，演员的表现形式跟内容也是相辅相成的。

不同的账号、不同的作品就要有不同的场景。同时再好的作品如果一直不更换场景、不更换表现形式，粉丝也会看腻，同时鼓励创作者做更多场景切换来尝试改变表现形式，以提高粉丝黏性，给粉丝带来新鲜感。

1. 场景是链接你与粉丝的桥梁。

生产型工厂可以直接拍摄工厂里的生产线、工厂员工的制作过程、产品研发的初衷等，直接在工厂车间来拍摄。这个场景就是把工厂直接还原给用户。工厂车间，需要规范、整洁。在真实的层面上，打造出你是一家优秀的工厂，这涉及粉丝对你的印象以及你要销售的产品的

认知定位。

以餐饮服务型门店为拍摄的场景，在拍摄的时候可以真实地反应店里的环境、档次，目标客户会根据你的作品来判断是否去你那里消费。

2. 场景决定你的目标客户人群。

在拍摄作品时，需要扬长避短，找到自己的优点来放大。

短视频就是所见即所得的销售场景。你是做什么，你的生产工艺、服务环境都可以通过短视频来呈现给客户，所以场景可以说是销售场景的前置了。如果是直播，场景足够美观、整洁，我们就可以直接对着摄像头去直播，假如场景不够美观，那就用背景来凑，需要搭建一个直播间，用好看的背景墙来搭建看起来很舒服的直播间。

3. 场景决定产品价格。

明眼人一眼就能从你作品的场景中判断出你的产品定价。

假如说你拍摄的是一个路边的小龙虾馆，环境是很普通的路边摊，这个时候客户就会认为你家的东西价格高不到哪去。如果你的生意特别火爆，人们都在排队，他会判断可能是你家的东西味道很好，但是如果他要进行高端

商务宴请，一定不会来你这里。这就是你的场景决定了你的定价。

我记得有一次带一个农村来的远房亲戚入住五星级酒店。这个小孩在乡下是会随地吐痰的。到了酒店大堂，那真是富丽堂皇，地面比他老家的厨房灶台还要干净很多倍，他想吐痰，就跑过来问我，应该吐在哪里。

你看，就是高档的环境，一下子改变了他的习惯，他自己都觉得不能随地吐痰了，因为这里实在是太干净了，透明的大理石地板让他无法适应。所以我们常说，人是环境的产物。

在短视频拍摄时，我们要特别重视环境的场景运用。

做三农产品的，就去真实地拍摄瓜果蔬菜，牛羊兔的真实场景，让消费者看清楚，看明白你是做什么的，你的产品是怎么生产出来的。

不要求你能拍出李子柒视频的唯美，但是至少你能拍出瓜果蔬菜的真实、新鲜。

抖音的变现形式除了抖音官方的程序、广告推广类的，我们着重讨论直播带货和知识变现的模式。

在带货的环节，场景分为视频场景和直播间场景。

那么直播间的场景是怎么构成的？

直播间的场景构成包括：背景画面、主播头像、在线人数、购物车的商品链接等。无论是视频还是直播间的场景都是可以通过人为设定来创作。不同平台的直播有不同的场景布置方式。

我前面就有谈到，未来的直播场景应该是多元化的，淘宝、拼多多、京东等平台直播，可以由平时的客服来担任，原来的打字聊天改成边打字边口播回复客户的问题，当然这也要看产品。小件产品完全可以，大件商品可能就需要大的场景来演示了。

直播间要学会扬长避短，虽然我们说要把产品真实地呈现给消费者，但还是尽可能让用户看到产品优秀的一面，好比餐厅直播，不一定要把杀鱼、杀鸡那些血腥的场景给用户直播，但是可以直播切配、炒菜的场景。这里我一定要强调的就是"卖牛排一定是卖吱吱声的"。

不要把所有的制作流程分享给客户，要针对粉丝的需求呈现内容，也要根据自己企业、产品的特点来择优展示和直播。不要试图满足所有的用户，可能确实有一些不方便展示的工艺、技术、配方等不能完全给用户展示的，那么我们就没有必要全程拍摄直播出来。

总结一下，直播就是展示能在最短时间说明产品卖点的镜头。

简单重复地讲解就够了，因为行业不同，所以没有办法来一一阐述。若读者有这方面的疑问，可以来我的直播间一对一细聊，探讨场景的解决方案。

Chapter 4
如何启动账号

    抖音短视频作品的作用是为直播间引流，但这又不是绝对的关系。不是你的粉丝多，作品上了热门，直播间就一定会有粉丝进来观看，直播同时考验得是直播的控场能力、产品的折扣以及是否能吸引粉丝去下单。

抖音，不仅仅是记录美好生活

‖ 短视频 6 大要素

1. 画质清晰，曝光正常

视频分辨率至少要达到 1080p。视频画质要保证清晰，背景曝光正常，明亮度合适，不要过度美颜磨皮。

2. 不要遮挡关键信息

画面字幕尽量不遮挡关键内容，比如人脸、品牌信息、产品细节等。

3. 音质良好，人声稳定

视频制作时需要确保配音吐字清晰，音质稳定，背景音乐不要过大、嘈杂。

4. 背景干净，布置整洁

视频背景布置要干净整洁，尤其是画面镜头露出档口、柜台、生产线等，尽量减少杂乱画面的出现。

5. 画面稳定，播放流畅

确保视频流畅不卡顿，拍摄中避免画面晃动，尽量拍出稳定完美的视频，如果客户看到你的视频晃动得厉害，很容易看一眼就离开。

6. 真人出镜内容真实

有真人出镜以及口播的视频更容易被记住，抖音鼓励真人出镜讲解，不建议全程采用 AI 配音。另外，要保证商品讲解内容真实。

11   如何上热门

如何让视频持续上热门？

要想持续保持上热门，主要就是三点，分别是多、变、创。

其实我们都知道一个词，叫作"审美疲劳"。一件即使再美再好的事情，看多了也有厌倦的时候。"网红"可能是一夜之间的昙花一现，因为在信息爆炸的时代，我们要想维持一个账号或者人设的热度，唯一的办法就是多频率曝光。

作品定时、定期更新就是多次曝光，同时要定期变化表现方式，虽然说"一招鲜吃遍天"，但是一成不变也会失去生命力。所以我们要有创作力，要不断创新，特别是到了后期竞争越来越激烈的时候，唯有创新才能使得我们立于不败之地。

想持续保持热度，需要多拍、多发、多练。

对于很多新手来说，最大的难题是迈出第一步，好比婴儿学步，往往

是一看就会，一做就废。因此，无论做什么行业，前期都不要对自己要求太高，刚起步就想上大热门，任何事情都需要一个过程。所谓"万事开头难"，真的迈出第一步了，后面就是不断练习，然后，你就会发现自己不仅可以走了，还可以跑，甚至可以跳了。坚持很重要，因为对于日活 6 亿的一个巨大流量平台，绝对不会因为少了你一个账号而有任何变化。就像很多明星、歌星可能是因为一部戏、一首歌红遍大江南北，但是后期没有作品，终究还是会凉凉的。

抖音作品创作本身也是一种行业。很多人在自己的岗位上有了一定的经验累积，才能成为行业高手或者专家，在抖音创作上也是如此，没有一定的时间沉淀也成不了气候。当然，或许机缘巧合，你能红一个月，如果抓住机会，还是能在短视频上大赚一笔的，但是我们很多人，毕竟不是天生具备网红的特质，我们可能就是一个普通果农，一位老师，一个创业者。这时作品的持续输出就是对我们耐力的考验。

抖音不仅仅是一场马拉松，更是一场"长征"。

只有多次出现，人们才会记住你，只有你持续输出价值，才会有人关注你，如果你长期不出作品，账号一定会掉粉，因为粉丝关注你的目的就是期待你还能为他产生价值，当你失去了对他的价值，那么他就会取关。

分享一个账号——牛丸安口。他的作品多达 15.2 万，这是什么概念？也就是说他在 3 年内发布了 15.2 万个作品，平均每天发布 139 个作品。

　　如果我们单个作品的播放量不是很好，但是只要我们坚持去做，哪怕一个作品只有 200 次播放量，那么一天 10 个作品，也有 2000 次播放量，一个月就有 6 万次，一年呢？往往最笨的方法就是最好的。相信任何一个行业的成功者都是因为坚持才有了最后的风光。所以在抖音这个平台上，我们如果不能创作优质的内容，那么就用数量来做，这也是非常不错的方法。我们现在运营的账号，有的已经是 24 小时不停播了。

　　笨鸟先飞，我们需要用作品数量换取播放量，用直播时长换在线流量。关于抖音账号，我们一直强调"内容为王"，但是很多时候，我们往往会遇到创作瓶颈，那么，我们可以尝试换套服装，换个 BGM，换个场景再来一遍。内容固然重要，但是也不能忽略内容表现形式，比如你昨天的作品是骑驴唱歌，那么今天可以换成骑马唱歌。无论是道具、场景还是服饰的变化，总之要想着改变，想着给粉丝带去新鲜感，这是老粉对你的期待。对于新粉丝来说，无论你是哪种表现形式，他毕竟是第一次见到你，所以还是要回到视频作品的核心点——对他有用，让他感觉有趣。

　　我们一直说创作力是第一生产力。短视频的内容拼的就是创作新意。人才最本质的特点在于创作。我们固有的认知达到了一个瓶颈，如果失去想象力，这个时候就会比较苦恼。著名笑星憨豆先生被许多中国人所喜爱。但有谁能料

想到，这位给大家带来无数欢笑的大明星居然会得抑郁症。

他因为担心自己不能做得更好，担心被别人超越，担心不能创作出更好的作品而感到十分压抑。做短视频时，也常有这样的烦恼，这个时候，我们要跟团队，或者其他外部创作者交流，集思广益。

心理学教授 Mihaly Csikszentmihalyi 推荐了下面这些可以让生活变得更有创作性的方法：

1. 每天寻找能让你惊奇的东西。

人在什么时候感到幸福？

美国芝加哥大学心理学教授 Mihaly Csikszentmihalyi 发现：当人们在专心致志地、积极地参与从事某种活动、忘记了时空和自己的时候，他们感到最为愉快和满足。

2. 每天至少让一个人惊奇。

3. 如果一件事引起了你的醒悟，那就继续下去。

4. 承诺把事情做好。

5. 寻求挑战。

6. 花些时间来思考和放松。

7. 多做喜欢做的，少做不喜欢做的。

8. 从尽可能多的角度来看问题。

总之，想持续上热门在于作品内容质量、数量和创新。要想做好短视频和直播，我们第一阶段要多拍多播，第二阶段要变着花样多拍、多发布作品；第三个阶段就是要不断创新。当然，不是一定要严格按照这个步骤来走，可以把这几个步骤贯穿到创作过程当中。

II　热门标题的技巧

在发布作品时，文案能够诠释作品，还能够表达创作者的观点。文案不仅可以发起一个话题，还可以 @ 某个账号。相关话题越多，越能快速为作品打上账号的标签，告诉更多的用户，你是擅长和专注这一类内容的。对于后期的作品推荐也是很有好处的。

其实文案不仅可以让你的关键词便于系统识别收录，还便于用户根据文案查找内容，相当于一篇简单的文章。说到这里，你就明白文案的作用有多大了。

文案还有引导用户的作用。真正要想做好短视频，其实很多细节，需要我们去完善。

文案对于短视频是至关重要的。它主要表现在以下几点：

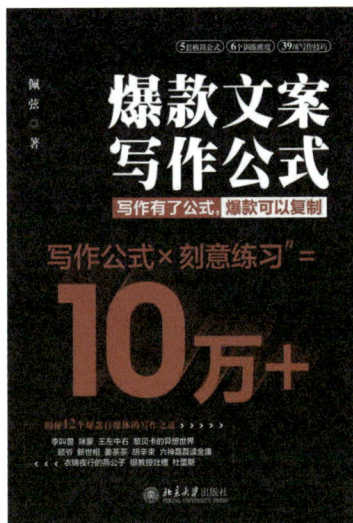

1. 吸引用户, 引起共鸣或者制造冲突

毫无疑问, 用户对你的标题有没有兴趣, 决定了他在看到你的视频时是否会评论和互动。这也是标题最起码的作用。

一般来说, 能够有效吸引用户的无外乎三大类: 你让我佩服, 我认同你 (你说的是对的); 我不认同你 (冲突); 对我有价值 (无论是搞笑还是知识点)。最简单的方法就是当标题写好后站在用户的角度去思考: 我看到这个文案会不会有点赞、评论的欲望。如果怕当局者迷的话, 可以发给周边的朋友, 让他们读一下。

2. 快速定位

标题阐述了你的观点, 你的作品要带给用户什么样的价值。用户通过这个作品了解到你是做什么的, 你是什么样的人设, 喜欢认同的人会继续关注你, 甚至把你主页里其余的作品都翻看一遍, 其实这就是解决了你在用户心目中的定位。就像对产品群体定位一样, 无论多么牛的产品都不适合所有的消费者使用。

很多创作者在发布视频时, 根本不写标题文案。这在无形中就错过了抖音收录的功能, 抖音系统根本不知道你要表达什么, 尽管抖音有强大的画面识别功能, 但是用户的参与度却降低了很多。一段好的文案可以让一个普通的作品引起更多用户的参与。你可以多看相关书籍学习写文案的技巧。你有没有发现, 很多人喜欢看作品的评论区, 其实这也是一个技巧, 可以到相近作品的评论区去寻找有特点的网友评论作为自己的文案。

3. 引导点赞和评论

"觉得我说得对的可以点个赞哦", 这是常见最初级的引导文案, 还可以说 "觉得这个方法对你有用, 可以点赞并关注" 等。文案吸引人的技巧是采用提问式或说反话的表达方式。你可以故意向用户提出问题, 听取用户的意见, 这时候很多热心用户就会帮你出主意。这就是引导用户完成评论。

约瑟夫·休格曼在《文案训练手册》中说："一个广告的所有元素首先都是为了一个目的而存在：使读者阅读这篇文案的第一句话——为了让读者开始阅读文案。"

如果一则标题没有成功地引导用户去阅读文案中的第一句话，那就是失败的。短视频是为了让用户了解你的作品，而标题就是为了让用户参与你的文案。因此，要将最吸引人的部分放在标题里。

封面文案

我们每一个作品都可以选择整个作品中你最想表达的画面来作为封面，同时把封面上的文案作为标题。尽可能做到风格统一，这样不仅仅作品本身能抓住用户的眼球，还便于用户进入主页看到你统一的风格，这代表着专业。很多创作者的封面画面极其凌乱，造成用户没有心情去看你的作品，这怎么能给你带来很好的流量？用户更谈不上成为你的粉丝了。

抖音的 AI 识别系统非常强大，当你发布作品时，系统会对作品里的场景自动识别，并给您推荐话题。这时我们要做选择，如果系统推荐的话题跟我们要想表达的主题相似就可以选用，如果完全没有关系，就不要选用系统推荐话题。当然，如果能吻合，采用系统推荐的话题，系统给予的流量会相对多一些。

推荐音乐

当发布作品时，系统也会推荐音乐，我们要综合考虑的是主题、场景、音乐、背景、文案等尽可能一致。而不是系统推荐什么音乐就用什么音乐。

总之一个作品要有完整性，要是能表达你的观点，才可能让用户喜欢。

关联热点

关联热点表面上看是跟文案没有任何关系，但是我们要注意作品的一致性。"申请关联热点"也要从文案去判断，作品的标签属性跟我们的作品是否有关联性，如果有，那真是锦上添花。如果没有，还是不用为好。

举例：

1. 直击痛点：如何三天瘦五斤？

2. 年龄事件：90 后不结婚有错吗？

3. 快速实现型：掌握这 3 个小技巧，你也可以年收入 100 万

4. 假设成立型：如果中奖 100 万，你怎么花。

5. 必备技能型： 做好抖音，你必须要知道的 10 个官方账号。

6. 征求意见型：和老公离婚了，孩子跟谁最合适？

要想办法让用户参与到你的问题中来。

II 短视频和直播的关系

　　创作者在抖音平台发布的作品，因为内容的差异会有不同的播放量，得到粉丝认可的程度也不同。但是大部分产品在直播间讲解才会获得转化成交。现在粉丝都喜欢去热闹的直播间，加上主播给予了很多的福利折扣，所以大家购买习惯更倾向于直播间抢购。抖音提出来的"兴趣电商"恰恰证明了这一点。很多粉丝并不是刚需，而是根据自己的兴趣点而触发的产品购买。所以直播就显得尤为重要。我研究了大量账号，很多账号粉丝量也很大，但是很难变现，原因在于短视频端的粉丝为泛流量，而直播间的粉丝则相对精准。

　　抖音的短视频和直播采用的是赛马机制。同级别的直播间才会赛马，因此做差异化的小众品类更有弯道超车的可能性。

　　抖音短视频作品起到的作用是为直播间引流，但是又不是绝对的关系。不是说你的粉丝多，你的作品上了热门，直播间就一定会有粉

丝进来观看，直播同时考验的是直播的控场能力、产品的折扣以及是否能吸引粉丝去下单。

直播间的权重与短视频是独立分开的，但又是相互影响的关系。

现在抖音是可以零粉丝开播的，没有一个粉丝也可以开通企业小店，直接开播。我们通过很多维度的考验，才有可能做好直播。在"直播间玩法"一章，我会详细讲解做好直播间的很多注意事项和技巧。

我们前面的章节聊到账号定位、人设定位、产品定位等，都是为了达成销售而必须要做好的前期工作。我一直强调内容垂直用户才会精准。有粉丝不代表有转化，没粉丝不代表没有销售。因为直播间的用户只有一部分是来自短视频的粉丝。

反过来，直播间如果运营得好，也会涨粉，而且相对来说更加精准。很多用户会因为你的直播内容有趣、产品品质好、价格有优势等而成为你的粉丝，关注意味着期待，期待下次能找到你，看到你的短视频作品也好，直播也好，总之还是对你有那么一点点认可的，但是我说了，认可你，不代表会在你这里消费下单。当然，粉丝还是越多越好，毕竟销售是要靠概率的。有一点要强调的，就是不要误解成有粉丝就能变现。

总结一下，短视频是为直播引流赋能的。短视频是你的品牌广告宣传片，直播间是你的销售现场。短视频是直播种草的一种方式，能促进直播变现。两者相辅相成。

很多创作者在创作之初可能都没有想到变现。看到这本书，希望创作者可以认真学会定位，从而做好流量、转化、成交的互联网思维逻辑。

Chapter 5

抖音变现模式

在抖音平台上，新手就可以赚钱，人人可以参与。参与就是对平台最大的价值。

这就是我一直在强调的"把客户的时间留在抖音"，抖音不会让你白玩，除非你不会玩，只要参与了，就会有利润产生，只是多少不同而已。

抖音，不仅仅是记录美好生活

II　抖音小程序

抖音小程序引入更多平台生态的建设者，通过内容跟粉丝产生无缝链接。

我们可以找服务商把公司的小程序推荐给粉丝，让他们能一键找到你。

抖音强大的链接功能，让所有参与者都有机会赚到钱。只要你在发布视频的页面点击添加标签，点击小程序，点击功能，点击拍摄抖音并发布就可以实现。当有粉丝观看你的视频产生链接就会有收益，这个功能简直太强大了。

小程序在抖音平台主要的 5 大入口：

1. 短视频挂载。这是小程序相当大的流量来源。

2. 评论区。这里有超高的转化率，让评论为小程序赋能。

3. 搜索。在搜索框输入小程序名称即可显示小程序的入口。

4. 直播。小程序可以实现边看边买，是直播带货神器。

在抖音 11.1.0 版本以上打开直播，在直播间的右下角点击"小程序"，就会有弹窗并提示"添加小程序"页面，进入"小程序添加列表"，即可搜索和选择相关小程序，选择小程序后可以添加所需要的小程序页面，页面下载完成后点击添加此页到直播就完成了。

我们还可以编辑标题，添加完成之后记得点击"展示"，这样用户就可以在直播间的右下角看到了。除此之外还可以随时删掉或增加展示页面，让你想挂什么就挂什么。

小程序简直是直播带货神器。

5.企业号主页。抖音号主页可以挂在小程序，用户就可以更加了解品牌服务了。

11　评论区的重要性

影响视频和直播间的一个重要维度就是评论，有评论的作品才有价值。无论是短视频的评论还是直播间的评论都属于粉丝在跟你互动，跟你在对话。那么我们怎么去做好"评论"？

首先我们要思考，什么样的情况下，粉丝会评论？粉丝评论的动机是什么？我们怎么做好评论区的运营？

答案还是要回归到内容。我们都知道，用户在刷抖音的时候，并不知道下一条视频的内容，他不是每一个内容都会从头看到尾。那么滑到你的作品时，画面清晰度、作品内容、文案、音乐，以及作品呈现的点赞量、评论区、转发、下载量都是粉丝参与评论的理由。

用户都有从众心理。只要作品能触发他喜怒哀乐的任何一个点，他都可能会顺手点个赞，但却未必会评论。也有很多用户是习惯性点赞，不管什么作品他都会随手去点个赞。看到一个视频点赞和评论特别多的时候，人们往往会跟着点赞或评论。

有很多人看到一个感兴趣的视频时，会第一时间去看评论。因为评论区有很多"神评论"让人眼前一亮，评论区有"杠精"，有"键盘侠"，有喜欢给你提意见的，有比较有才华的，有在评论区做诗的，还有在评论区刷存在感的……这时，如果遇到感兴趣的评论，用户就会参与讨论。不要小看了评论区，从短视频运营的角度来看，评论区的评论是提高作品完播率的一个核心。

那么我们在做内容的前期就要考虑，什么样的内容、什么样的音乐、什么样的文案会引起用户互动评论。这是需要好好策划的，也是做好短视频的核心。有的热门作品，评论区会有几万条评论，甚至更多。很多用户就是喜欢在评论区看别人的意见，一条短视频再加上看几条评论的时间，不知不觉地就让我们的完播率提高了几倍。

创作者还可以通过回复用户的评论完成进一步互动，延伸评论。高手还可以在同一个视频下，通过评论区的回复将视频内容话题延展到另外一个热度。

所以一个好的作品，不仅仅有前期的策划，还有后期的运营维护。我们运营的一个短视频账号，要求同事必须回复每一条评论。因为你重视了用户，拉近了用户跟你的距离，才可以慢慢建立信任。有些账号可以引导用户去完成你的任务，也有很多是引流到第三方聊天软件，进行私下成交、线下见面。

其实每一条评论背后都存在一个机会。特别是一些专业产品，有特殊需求的用户会因为你的作品触发更多交流，进而增加成交的可能性。

我们需要把重要的评论置顶在作品的评论区。

置顶的内容可以根据你要引导的方向去设计，例如几点直播告示或"抖音小店有售"等。

如果说短视频是流量入口，那么评论区就是前台，就是销售导购员。有流量进来了，需要做好的工作就是引导客户做下一步了解及成交。

重视评论区就是重视你的销售环节，它是直播销售变现、项目变现必不可少的一个环节。

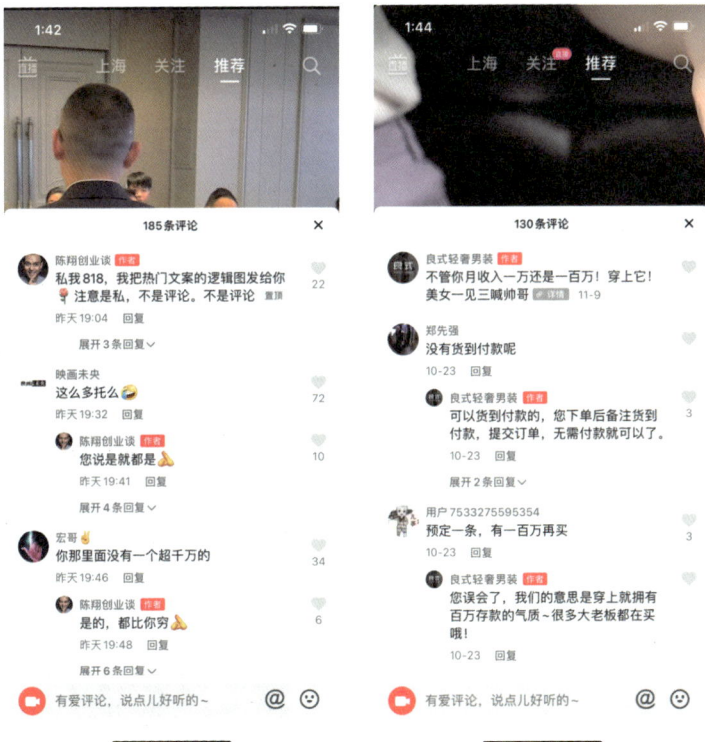

总结一下：内容的冲突、分歧的意见、差异性的三观、感同身受的共鸣、肯定你并认同、音乐的卡点、画面的唯美、提问式的文案等，都是触发粉丝去评论的理由。

Ⅱ　全民任务的玩法

　　在抖音平台上，新手就可以赚钱，人人可以参与。可以说，抖音的目的就是要大家去参与，参与就是对平台最大的价值。这就是我一直在强调的"把客户的时间留在抖音"，抖音不会让你白玩，除非你不会玩，只要参与了，就会有利润产生，只是多少不同而已。

　　广告主打广告，一定会去目标人群最多、流量最大的地方。之前广告主是找电视台及各大主流报纸做广告，经过媒体迁移，到了后来的互联网平台，现在因为抖音这个平台有足够多的流量，广告主都转战到抖音了。"全民任务"是只要你参与了，广告主就会把广告费分发给你，这个活动主要取决于创作者视频的影响力，参与者

有份，可以说按酬分配，非常合理人性化。当然，这样的活动要根据自己的账号和人群去筛选（重点），不要所有活动都去参加，因为这也关系到你账号的垂直度。

玩法也很简单，直接去抖音搜索"全民任务"，或者关注"全民任务小助手"。进入详情页面按照官方任务要求参与，如果不会玩，缺少灵感，可以点击右侧"排行"，看看当下玩得好的小伙伴是怎么玩的。在抖音这样的平台，学习力永远是第一生产力，如果非要加一个关键词那就是——动起来。干就完了。

|| 玩游戏在抖音怎么赚钱

　　游戏已经是很多人生活的一部分了，它没有绝对的好坏，毕竟工作之余玩玩游戏也是个消遣方式，我们现在聊一聊在抖音平台玩游戏账号是怎么赚钱的。当然，游戏爱好者来做这样的账号或许会容易点，算是入对行了。

　　抖音作为一个具有 6 亿日活用户的大平台，游戏开发者一定不会错过，他们会利用这个平台推广自己的产品。谈到推广，就一定要花钱，毕竟没有一定的广告经费，相信没有哪一个平台会愿意让你去推广。那么对于抖音平台来说，就需要把这样的推广任务下发给若干个创作者。我把抖音这个逻辑理解成拆分红包。也就是抖音接到了一个游戏广告主的任

务，让大家在规定的时间促使更多人去下载游戏、参与游戏。抖音会按照下载量去计算创作者的酬劳。

在抖音里，有很多专门从事游戏推广的账号，他们专门接游戏任务。

我们点击"全民任务"，这在创作者服务中心里就能找到，或者直接搜索，就可以进入。

建议关注"游戏发行人计划"，里面有很多规则需要了解。其实我一直说，玩好抖音并不难，难在发现入口及执行的能力。

我们需要认真看完游戏的任务介绍，一定要按照广告主的任务说明去做任务。不符合任务说明操作的肯定是没有收益的。

同时我们还可以根据创作指导去做，官方也会提供一些参考视频给创作者。

文案和话题有时候是广告主设计好的，我们只需要按照步骤加上自己的创作就可以了。如果你是玩游戏的高手，可以做游戏讲解或者教授别人玩法步骤的作品。只要有播放量，有下载安装量就有收益。我们可以根据收益周榜来找到做得比较好的账号学习剪辑。

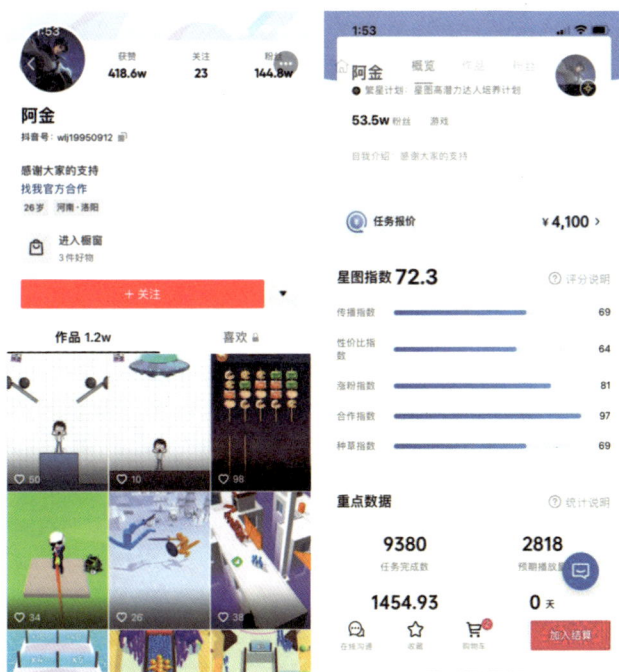

"阿金"的账号靠勤发作品接星图任务，广告收入 3000 多万元。

总之，这样的任务并不难，听话照做，相信你一定能有较好的收益。

11 小白做"好物分享"号

上班族如何兼职做好物分享账号？

只要你有一部手机，注册一个抖音号，就能做好物分享账号。

先分析一下季节性刚需产品，然后在抖音搜索一下产品的关键词。所谓季节性刚需产品，就是当季人人都可能用到的日用产品。例如夏天时的小电风扇、遮阳帽、防紫外线太阳伞等，冬天时的帽子、围巾、手套等。

在抖音搜索到该款产品，下拉搜索点击量最高的视频，点开认真看别人是怎么拍摄的。我们只要照着拍就可以。

你肯定会说，我没有样品呀。这个很简单。你可以在"精选联盟"找到供应商，有的商家可以免费提供样品，不提供样品的也可以直接下单购买后拍摄。

简单、重复地拍摄作品。每天可以发布几十个视频作品。可以自己去琢磨更好的创意，如果没有更好的想法，就按照别人的视频，照着拍摄。重复不同的拍摄剪辑，用视频量来增加播放量。

挂上别人的购物车就可以直接赚佣金。根本不会影响你原有的工作，当然，如果视频爆了，可以尝试用样品来直播，这里就是偏专业性的了。

做"好物分享"号有以下要点：

1.客单价不要太高（看到视频就能购买，不需要太多考虑的）。

2.拍摄简单，一看就懂的产品。

案例分享6个账号，大家可以去搜一下。（打开抖音，在右侧有个放大镜。点击一下，出现扫描框，点击扫下方抖音二维码就可以。）

步骤

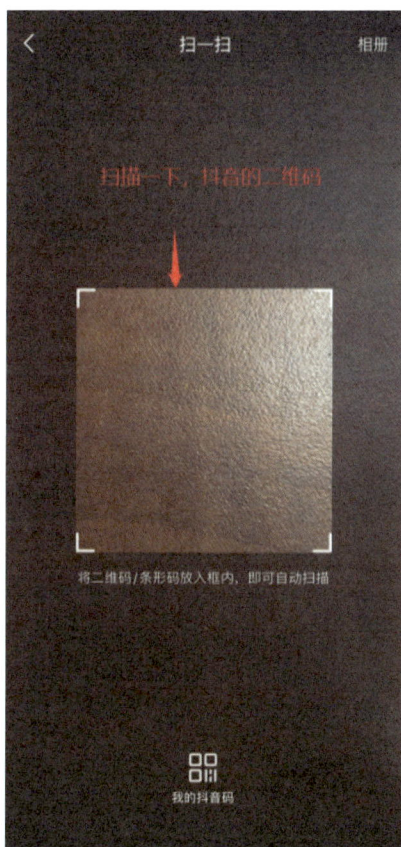

案例

@之聪
超美超美的防晒帽～防晒特别
好！还能当发箍～z#帽子 #防晒
#精致

@科记奇闻
吹一吹 整个夏天都离不开它了#
创意 #dou出新知 #好物推荐 #家
居必备

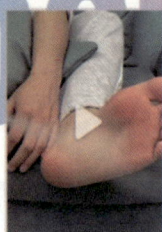

@张折菌
大汗脚必备神器消消乐，用了之
后袜子和鞋一星期都不会有味儿
了～#运动 #鞋 #汗脚

@奇哆哆
比我切的好太多，细腻程度看抽
拉次数，挺方便#蒜泥神器 #产
品试用

@雨晗家精品严选（直...
裤腰松了这样穿#好物推荐 #收腰
神器 @DOU+小助手

@小蔻欧巴（🔗在橱窗）
能坐下来做针线活的男人 可以成
为你们心中很"靠谱"的男孩吗#
手工编织 #手工diy#男朋友 #...

II 寻找达人直播合作

1. 抖店如何寻找达人合作

在抖音平台有大量的创作者，每个创作者背后都代表着一个公司，一个组织，每个创作者擅长的领域也各不相同。商家若没有选择对合适的创作者肯定无法带来期望的效果，所以，商家要学会在达人合作平台找到适合的达人进行直播合作。

我们先登录"抖店"后台，在"营销"中找到"达人合作"入口。

在达人广场，我们可以根据自己的商品、类目寻找合适的达人合作。达人有短视频达人和直播达人的区别。有的达人擅长做短视频，有的达人擅长直播带货，我们一定要认真分析。

可以在达人榜下，根据自己的类目选择查看近期带货达人。

该榜单仅代表用户一段时间内在平台上的表现，请勿以此榜单对外传播，不可做任何背书使用也可以把自己的商品放在搜索框里寻找相关的达人。

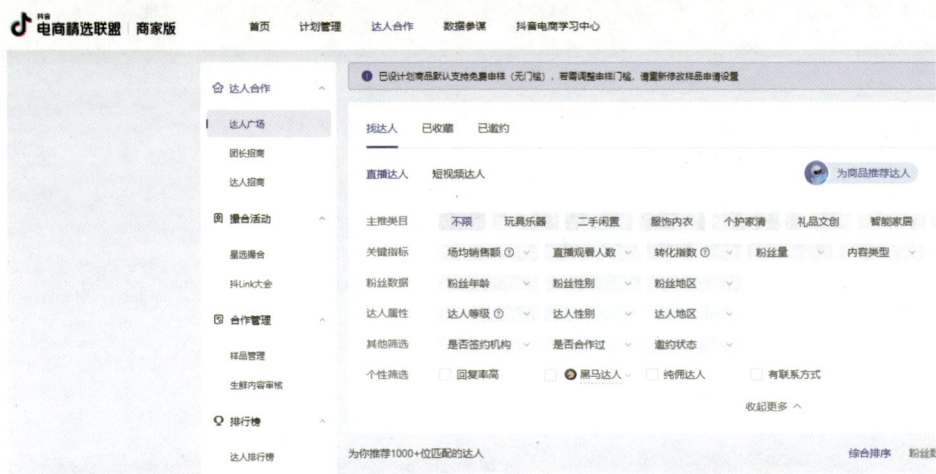

系统会根据产品关键词给我们匹配相应的达人，这个时候需要我们从粉丝数、场均销售额和直播观看人数及转化率等多维度去选择适合我们产品调性的主播。

找到相关达人后，尽可能在他直播时去观看主播的直播表现，还可以使用第三方软件，查看他这个账号每一个时间段的带货转化率以及店铺评分等，这里可以参照我们在"复盘"中讲到的"直播复盘"。

我们更要清楚自己的商品适合哪一类人群，也要做好非常详细的人群画像，跟达人的人群画像越相似越好。

2. 合作前如何评判该达人的效果？

步骤一：在达人合作平台点击创作者头像，进入达人主页。

步骤二：先看达人综合能力看板。

服务评分满分是 5 分，一般 4.5 分以上的表示商家都较为满意，信用分总分上限为 12 分。分数越高代表达人在粉丝心目中的信用越好。

步骤三：重点看达人之前的作品，了解达人日常内容的调性是否符合自己的产品。

粉丝分析 | 粉丝团分析 | 直播间观众

客单价水平 ⓘ
[100,200]居多，占比28.44%

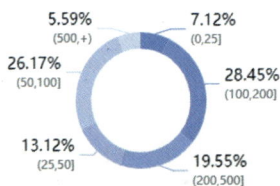

5.59%
(500,+)

7.12%
(0,25)

26.17%
(50,100)

28.45%
(100,200)

13.12%
(25,50)

19.55%
(200,500)

类目分布 ⓘ
女装居多，占比31.91%

31.92%
女装

49.2%
其他

9.66%
4.68% 美容护肤
4.54% 童装 / 婴儿装 / 亲子装
餐饮具

步骤四：看粉丝画像和自己产品是否相符。

概览 | 直播详情 | **粉丝分析** | 带货分析

粉丝分析 | 粉丝团分析 | 直播间观众

粉丝分析

粉丝特征	女性居多 31-40岁居多 苹果手机居多
粉丝分布	广东、江苏、浙江
消费偏好	偏好女装 客单价100到200元居多

粉丝趋势   总量 | 增量

粉丝变化数 +26,235 ↑   粉丝变化率 +658.84% ↑   统计时间：近2个月 (2021/09/14-2021/11/13)

步骤五：多维度分析达人的带货数据。

概览　　直播详情　　粉丝分析　　**带货分析**

【拍一发三】内衣专用洗衣液持久留香去留渍	¥9.90	22	¥ 0-100	94.1
【主播宠粉】康舒砂锅炖锅家用耐高温大容量彩盖炖煲…	¥39.90	14	¥ 100-500	95.3
【荣姐宠粉补贴】55度恒温暖暖杯套装	¥12.90	1	¥ 0-100	78.1
【粉丝专享】304不锈钢加高汤锅家用大容量煲汤锅	¥29.90	4	¥ 100-500	74
【粉丝专享】保温饭盒不锈钢分格便当盒学生双层保温…	¥13.90	34	¥ 0-100	83.1

　　我还是推荐用第三方数据平台来观看跟你相似的商品直播场次的直播数据。

　　如果有合适的达人，就可以跟他在线沟通或者发送邀约，商定佣金等。

　　有些达人只为自己店铺带货，那么，我们可以根据对方的视频表现形式作为选定达人的参考。

发送合作邀约   ✕

合作邀约说明⑦

· 发送邀约：你可选择发送普通计划/定向计划推广中的商品，还可以给此达人设置定向佣金。
　　　　　 新手商家每日最多可向 500 位达人发送邀约
· 达人查看：发送邀约后需要等待达人查看并处理邀约
· 完成邀约：若达人接受了你的邀约，你可在找达人-我的合作邀约-同意列表查看达人联系方式

合作商品

[添加商品] 添加上次邀约商品⑦

已添加0/30   [批量设置定向佣金]

3.达人服务常规流程：

（1）商家提出需求，与达人沟通各项合作细节，双方均确认无误；

（2）达人提供任务链接，商家下单；

（3）商家邮寄样品给达人，达人着手安排脚本；

（4）脚本完成后跟商家确认，确认无误后安排拍摄；

（5）达人视频制作完成后，给商家审核样片。其中如有信息介绍有误的地方，允许修改1次，而视频拍摄内容及主题，由达人自由创作，不允许修改。

（6）样片核对完成后，达人安排投放渠道，并交付达人任务。

填写合作需求时，一定要沟通清楚：

●认真填写我们的需求名称：让创作者知道你希望他干什么；

●一定要约定最晚交付时间：你希望创作者最晚什么时候帮你制作完成内容；

●你打算请达人合作的商品：你希望创作者推广你的什么商品？

●约定清楚服务内容说明：达人报价协商后提出内容说明，双方一定

要沟通明确；

　　●双方约定的承诺完成：请填写你与达人承诺的进店各项指标；

　　●双方就合作细节明确：你希望创作者完成哪些服务细节（内容类型、内容创意、合作目标）。

Chapter 6

如何做好直播

要想在抖音平台做生意，就要遵守平台规则。

做抖音，没有捷径，呼吁各位主播共同维护网络直播营销市场的平稳健康发展，特别是我们小微企业，不能因此浪费时间，造成不必要的损失。

抖音，不仅仅是记录美好生活

II 直播间的规则

我们发现部分主播在带货的时候存在一些不规范的行为，辜负了消费者的支持和信任，也给正常经营的其他主播或商家造成了不良影响，扰乱了平台经营秩序，会因此受到惩罚，所以要想在抖音平台做生意，就要遵守平台规则。同时，销售假冒伪劣商品触犯了国家法律，对于一个账号来说，一旦触犯相关法律，之前的努力可能会前功尽弃。可见合理合规，非常重要。做抖音，没有捷径，呼吁各位主播共同维护网络直播营销市场的平稳健康发展，特别是我们小微企业，不能因此浪费时间，造成不必要的损失。

1. 保护消费者合法权益

"三不"口诀：商品宣传不虚假，食品安全不马虎，售后服务不拖延。

（1）商品宣传不虚假

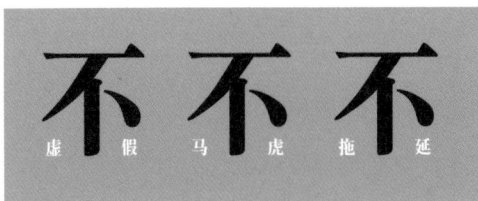

直播营销中不要发布虚假违法商品，宣传信息或广告不要出现极限词或过度承诺（如全网第一、顶级、百分百好用等）；参考《化妆

品卫生监督条例》第十条，商品无特妆资质或相应证明的功效不得宣传，例如：育发、防脱发、染发、烫发、脱毛、美乳、健美、除臭、祛斑、美白、防晒等功效。普通商品在没有合规保健资质的情况下，不得肆意宣传保健功效，例如：增强免疫力、减肥、助眠、通便、抗氧化、降三高等 27 种（如下图参考）。如遇有"蓝帽子"保健品标志的保健商品，也只可宣传其符合资质的某些保健功效，不可随意宣传超出其资质以外的功效。除药品医疗器械商品外，任何普通商品不得擅自宣传医疗治病功效，例如防癌抗癌、治疗肿瘤、祛风湿等。

　　这里也要注意，保健食品不是药物，不能替代药物功效。任何商品宣传功效时，请务必严格参考产品的说明书、外包装及相应的合规资质进行说明，杜绝对商品的夸大虚假宣传。

（2）食品安全不马虎

27 种保健食品功效（普通食品禁止宣称）

1. 增强免疫力；

2. 辅助降血脂；

3. 辅助降血糖；

4. 抗氧化；

5. 辅助改善记忆；

6. 缓解视疲劳；

7. 促进排铅；

8. 清咽；

9. 辅助降血压；

10. 改善睡眠；

11. 促进泌乳；

12. 缓解体力疲劳；

13. 提高缺氧耐受力；

14. 对辐射危害有辅助保护功能

15. 减肥；

16. 改善生长发育；

17. 增加骨密度；

18. 改善营养性贫血；

19. 对化学性肝损伤的辅助保护作用；

21. 祛黄褐斑；

20. 祛痤疮；

23. 改善皮肤油份；

22. 改善皮肤水份；

25. 促进消化；

24. 调节肠道菌群；　　　　　　　27. 对胃粘膜损伤有辅助保护功能

26. 通便；

主播在直播间推广食品类的商品时，依据《食品安全法》，务必检查商家的食品经营资质，食品要符合食品安全标准，不能推广标注虚假生产日期或超过保质期的食品。

（3）售后服务不拖延

对直播间推广的商品，若消费者依据《消费者权益保护法》等法律法规，提出修理、重做、更换、退货、补足商品数量、退还货款和服务费用或者赔偿损失等要求的，主播应依法支持消费者联系商家，商家不能故意拖延或者无理拒绝。

2. 保护知识产权

"三不"口诀：不要推广假劣、不要侵犯商标、不要假冒专利。

在直播带货中，依据《商标法》《产品质量法》《专利法》，不要

推广存在假冒他人注册商标、掺杂掺假、以次充好、以不合格冒充合格、伪造产地和伪造或冒用他人厂名厂址、假冒专利等违规情况的商品。

3. 维护市场秩序

"三要"口诀：数据流量要真实、未成年人引导要健康、国家法律法规要遵守。

（1）数据流量要真实

在直播营销活动中，主播及各相关主体，不要通过虚构或者篡改关注度、浏览量、点赞量、交易量等数据流量，进行虚假或者引人误解的商业宣传、帮

助其他经营者进行虚假或者引人误解的商业宣传，或从事仿冒混淆、商业诋毁和违法有奖销售等违法行为。

（2）未成年人引导要健康

直播营销应注重保护未成年人身心健康。直播人员或者直播间运营者应当年满 16 周岁；直播间是不允许出现不满 16 周岁的未成年人。直播中不得含有侵害未成年人合法权益或者损害未成年人身心健康，不利于未成年人健康成长的内容，如：抽烟喝酒、恶意搞怪、纹身等信息。

（3）国家法律法规要遵守

①不要发表违背国家安全或利益的评论。

②不要出现色情、低俗的行为。

直播内容不得含有渲染低级趣味的色情低俗信息，包括但不限于：在非运动场景穿运动内衣进行直播、衣着过分暴露、暴露婴儿／儿童身体等信息。

以上是笔者提炼的几个核心规则，具体可以在创作者服务中心去查看。直播间规范及法律法规要求，都是在告诫各位主播要遵纪守法，严格规范自己在镜头前的行为，服务好消费者。各位主播辛辛苦苦经营的直播间，因为不小心的一句话，一个行为，可能就会丢失无数用户，给自己带来损失。因此在今后的直播中，以上行为规范咱们务必要遵守哦！

11　直播间话术逻辑

"给出利益，行动指令"，就是让进直播间的用户感觉离开你的直播间不买你的商品损失很大。

抖音禁止利益诱导，但是我们可以换一种话术，例如把"现在购买的，我们优先发货"改成"因为有了大家的支持，很多朋友已经在直播间等了很久，所以我会给已经下单的朋友优先发货"。

直播中主播当然是至关重要的，这一点前面就多次强调过了，直播是一对多的销售，更是一场销讲。带货主播跟其他主播的区别就是以卖货为第一任务。这个转化需要通过主播的讲解、气氛的烘托，快速达成销售的过程。

主播形式多种多样，有情感主播、知识主播、PK 主播、才艺主播、美食主播、娱乐主播等。但是所有的主播最终的目标只有一个——提高转化率，促进成交。那么既然是销售，就得有销售流程和销售技巧。我们这里主要聊的是带货主播，因此直播间的成交话术就显得很重要了。

直播间线上销售跟传统电商和线下销售又有着天壤之别。电商有流量进入店铺，详情页关系到访客是否会下单或者咨询客服；线下销售客户是在特定的空间里，进入实体店铺或者销售现场，停留时间较长；而直播间访客停留仅有两三分钟，甚至是秒进秒退，因此很多小伙伴常说，直播间留不住人。其实在抖音这个软件上，用户没有那么多时间会停留在你的直播间，你得有理由让他停留。你需要用一定的画面语言让来直播间的访客觉得你这里有他感兴趣的东西。

直播间话术的 5 个核心要点是：

1. 满足客户需求（你缺的，你想的，我能为你解决哪方面问题）

2. 产品优势（获得奖项、荣誉、原料材质的优势）

3. 独特的卖点（跟别人有什么不同）

4. 产品利益点（价格优势，价值塑造）

5. 产品的使用场景（使用场景的画面描绘）

主播在直播时主要遵循这几个点去循环讲解，千万不能被粉丝带偏了。直播间当然要跟粉丝互动，但是主播一定是要懂得控场，不管粉丝说什么，有多少疑问，不能跟某一个粉丝去聊天，只针对某一个问题去花长时间答疑。因为我们更要考虑新进直播间的访客，如果只针对一个问题，主播的话题可能对新进来的粉丝根本没有价值，那么新访客肯定会走。

什么是客户需求呢？就是你现在销售的产品能解决客户的什么问题，能给他带来哪些好处。

该款产品是使用了什么材质，用了哪些工艺，获得了哪些荣誉，要根据产品会找到属于他的优势。

同时我们要告诉客户，这款产品跟同类

产品相比有哪些不同，差异化在哪里，优点主要体现在哪方面，有哪些独特的卖点。

再讲产品给客户带来的价值是什么，是品牌优势、价格优势还是售后服务承诺等，总之，都要根据产品去提炼出利益点。

配合产品描绘出该款产品适合使用的场景，通过口播讲出使用的画面，让客户觉得可能有机会用到。

你知道吗？在线上泳衣销量最多的竟然是不临海的地区，因为卖家给不临海地区的美女描绘了一个可以穿着比基尼去海边的场景。

主播要根据直播间的气氛，不断地重复讲解，并引导客户点击小黄车（购物车）购买。调动客户情绪，引导直播间的客户成为粉丝团成员，或者用发红包、抽奖等环节让直播间的客户参与并停留，继续听你讲解。

直播间的话术逻辑都离不开这几个点，放在任何产品上都适用。要注意，每个产品讲解时间不宜过长，控制在一分钟之内最好。

1.引导转化（加入购物车）

2.利他停留有红包（直播抽奖）

3.价值互动（达人关注）

都是为了获得推荐直播

4.粉丝团（关注）

5.分享

11　抖音直播如何选品

　　我们一直强调的是"兴趣电商"。

　　搜索电商跟抖音电商的区别是，搜索电商是"我"需要什么，然后去搜索比较，从而选购、购买；而抖音电商是"我"根本不知道"我"需要什么，但是当"我"看到直播间有人在销售，"我"就会购买。当然，随着大家在抖音购物习惯的养成，也会有越来越多的消费者选择去抖音搜索自己想要的产品。那么我们怎么知道消费者需要什么样的产品？什么样的产品受消费者欢迎？什么样的产品卖得动？

　　在供大于求的今天，产品同质化越来越严重，我们中小卖家、小主播更适合的是小众的产品，而非大品牌的产品。我们一定要有数据的支撑，绝对不能一拍脑门就想当然地做生意。今天我给大家分享两个数据平台，一个是抖音官方的"精选联盟"，另一个是"蝉妈妈"。

通过数据，我们就能找到合适的产品。选品主要有以下几个方面：

1. 适合主播讲解演示的；
2. 佣金合适；
3. 售后易处理；
4. 能有复购和转介绍；
5. 超出客户预期的。

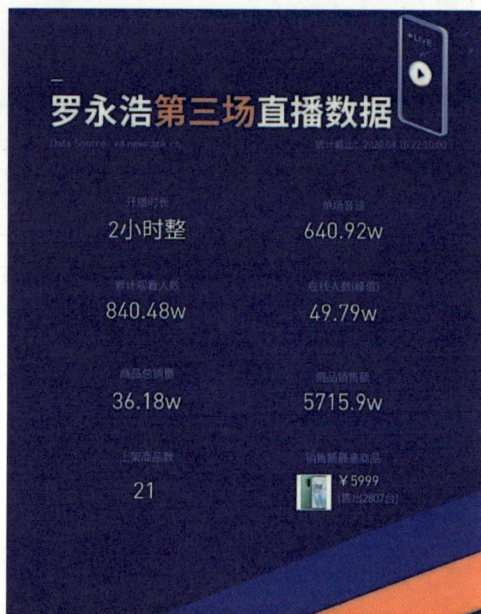

直播带货跟线下销售、传统电商又有着很大的差别。在直播间，主播讲解的每一句都是广告语，但过分承诺、夸大宣传等都属于违规，主播为了避免翻车，在话术上要精简、提炼，牢记抖音规则，这毕竟不是线下摆地摊，说错了也无所谓，因为在直播间都是有记录的，无论消费者是真心购买，还是故意来捣乱的，我们要想不犯错，只有认真熟悉产品，按照产品的功能去演示讲解。主播一定不能信口开河。所以选择适合主播的产品就显得尤为重要了。

如果主播帮助别人带货，佣金选择意味着收入。低价位要么有量，高价位要么有利润，当然也有低价位佣金高的，这个时候我们最好能亲自过样，就是见到实物，并对实物有一定的了解。很多商家都可以免费提供样品，拿到样品再去比较，最后再跟商家确认，甚至用协议或者保证金来确保产品品质及发货时效，以及售后服务承诺。只有对用户有负责的态度，才能做好直播带货，主播相当于一个买手，是一个意见领袖，你要帮助你的客户找到合适的产品，爱惜客户就像爱惜你的羽毛一样，不能只看佣金，不看产品。

直播带货也好，传统电商也好，退货率永远都是存在的，有的类目甚至高达三四成的退货。这个时候，我们一定要处理好售后，如果是自家企业沟通起来可能还比较容易，如果是卖其他商家的商品，我们一定要了解供应链方的售后处理能力及态度，所以每一次直播的复盘，不仅仅是复盘主播在直播间的表现，更要跟供应商去聊，一旦发现态度恶劣、产品品质不行的商家，千万不要因为直播间能卖得动就继续去直播，要找到合适的产品供应商。

　　客户满意的标准是什么，可以说各有不同，因为每个人对同样的产品，同样的服务都有不同的要求，但满足客户的购买预期，一定是客户满意的标准之一。这就像花 3000 元吃一顿饭，服务好，我们觉得是应该的，但是花 300 元吃顿饭，如果也有五星级的服务，那么我一定是满意的。所以我们产品的性价比就是客户满意的一个标准。

　　物美价廉一直是我们认为容易打动消费者的法门。高端产品平民化是当下重要的法则。

　　所谓好产品。质量好一定是标配。服装有线头、屏幕有破损、包装粗糙等用肉眼就能看出瑕疵的肯定不能说是好产品。

　　产品至少要达到"三好"之一，"三好"即好看（高颜值），好用（高品质），好玩（有趣）！

　　从下面几个案例可以看出，什么样的产品才符合"三好"的概念。如"小米手机""大疆无人机""九号电动车"等，它们都是有大牌的感觉，工艺、外观造型、产品性能都是相当不错的，价格也是老百姓都能接受的。线上销售

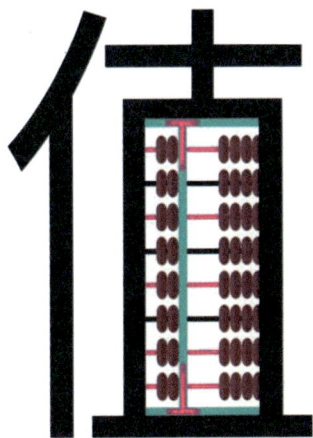

要提前了解产品、数据以及售后。线上销售的产品多
而杂是不可取的，我们一定要认真打磨产品，尽管我
们不需要自己去生产，但是选品就是一种能力，关系
着一个直播间的生死存亡。

　　拿今年卖到爆的口罩来举例，口罩本身的功能是防
疫防尘，我们常见的就是白色或者蓝色的口罩，也有很
多厂家创新做出了各种图案的口罩，但是真正卖到爆的口罩是中国风的。

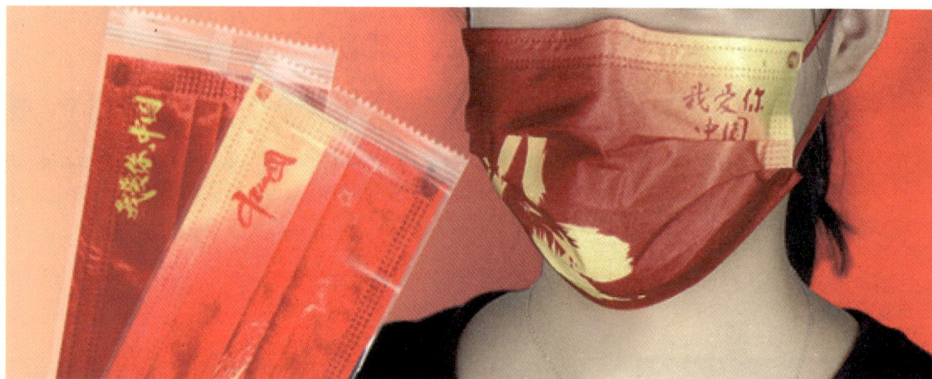

中国在遇到疫情时果断地采取防疫措施，让我们感觉到祖国的伟大，加上
奥运会的运动员佩戴的也是这款口罩，燃起了国人的爱国情绪。很多人用戴中
国风的口罩表达了自己的爱国热情，这款口罩成为当之无愧的网红口罩。

　　再看销售价格、销量等，这个时候用户购买的已经不是口罩了，是爱国，
是感恩，是自豪的情怀。所以说选品不仅仅要看产品本身，还要看产品背后的
价值。

普通主播在产品选择上常常存在的 3 个误区：

1. 我自己家生产什么我就卖什么；

2.什么火，我就卖什么；

3.什么产品量大，我就卖什么。

从账号初期的策划到完善人设定位再到最终形成变现，整个运营模式就类似于整套商业产业链路径。主播有的是自己有企业或者门店，因此有现成的产品，所以自然就想到抖音平台上销售自己现有的产品。这个想法没有错，但是如果产品不具备价格、品质等竞争力，再怎么努力也是很难销售出去的。这时，我们完全可以换产品。根据自己的专业特长去选择容易变现的产品，而不是守着自己的一亩三分地，这种思维很重要。我们可以卖自己产品周边的东西，或跟自己账号的粉丝更匹配的产品。如很多美女主播，粉丝 90% 是男性，但是自己是卖女装的，你说她要不要换成卖男装？

更不要看着别人直播间卖火了，你也去选择这个产品去卖，如果商品跟你的粉丝画像不吻合，明明粉丝大部分是宝妈群体，你却非要去销售老年人用品，这就很容易翻车，导致失去之前的粉丝。美食主播，一定要卖跟美食相关的产品，可以衍生至厨具、日用品，也就是跟吃的场景相关的产品。如果你是一位美食主播，却去卖服装，你觉得合适吗？你的粉丝是因为想吃得更好，想知道怎么做好美食，他们关注你仅仅是因为这个兴趣点，所以当你去给他们推荐美妆系列、服装等，他们一定是不感兴趣的。没有兴趣他们还会购买吗？

对于小主播或团队较小的直播间，爆单未必是好事，也有很多账号是因为爆单发不出货，导致粉丝投诉，严重者甚至废了账号。既然是买卖，我们就要考虑风险、资金以及售后服务等方面的问题。哪

怕是拿佣金，卖的是别人的货，你也要考虑商家有没有供货能力，会不会以次充好给你粉丝发货，售后能不能跟上，这些都会直接影响你在粉丝心目中的形象。一旦人设崩塌，再想做起来就比较难了。量力而行才能使直播带货走得更远。我一直跟很多创业者说，活下来比发展更重要，我们在抖音上的一举一动，都能决定我们能否成功带货。带货并不容易，跟打 PK 有着天壤之别，这也是很多大网红坚持打 PK 而不带货的原因。

当我们了解这些带货的逻辑后，我们再来选品就比较容易了。我们可以借助直播行业工具，我们以"蝉妈妈"为例：

1. 选择自己带货的类目；
2. 看销售数据；
3. 跟供应商沟通细节；
4. 样品试用或熟悉产品。

直播带货绝对不是一锤子买卖，无论是作品引流还是直播间投流。"用户第一"这个理念要根深蒂固地植入每个成员心里。从长远来看，我们今天的第一次成交，就是解决了信任的问题。所以货品一定要对得起所销售的价格，服务一定要超越客户的期望值。

那么在选品之前，我们还要考虑除了选好品之外的问题，比如：考虑爆单怎么办？围绕着这个产品，延伸周边产品还有哪些？以一个单品作为基点，如何延伸到线、到面？

拿日用百货来举例，从家居清洁到厨房用品，甚至家居装饰都是可以的。在做账号之前，我们要定位为哪一类人群服务，要为哪一类人群解决哪一方面的问题。比如我们可以以家庭主妇作为目标客户，解决她们日常打扫和整理屋子的各种问题。确定一个类目深挖下去，不断提升和满足客户的需求，老客户的复购才是我们的成功之处，因为有信任的基础，只要你在直播，他

就有可能下单。这个跟账号的定位还是有
很大关系的。

　　那么我们通过第三方数据"蝉妈妈""飞
瓜""抖查查"等，结合"巨量算数"，
找出这类人群在互联网的搜索量及对商品
的关心热度。然后再去选品中心选择，根据自己人群的标签去分析做哪个价格
段的产品，一定是合适的才是最好的。如果只考虑商品的高颜值、高品质、高
佣金，但是跟你账号的粉丝人群不匹配，那么带货也是徒劳的，直播带货能不
能做好，其实主播只占一部分，核心还是产品选对了人群。例如"双立人"的
刀具对四五线城市或者农村的家庭主妇来说，它就不是好产品，因为他们是不
会花 99 元去买一个水果削皮刀的。

即使你的主播再能说会道，但是在他们的
认知里，一个水果削皮刀只卖几元钱，无论你
说"双立人"的产品用了多么高级的钢材，用
了多少道工序，有多么知名，他们也只在意价格。
如果你的粉丝人群是上述群体，那么这个直播
就容易翻车。所以选品之前，要根据直播间的
粉丝做分析。

　　当然直播间还会有源源不断的新访客进来，他们可能是"双立人"的目标
客户，这个时候，客户在意的不是价格，而是为什么要找你买？你要给他一个
理由。这时，公信力的塑造、正品的保证就显得尤为重要了。

　　我们常说直播间的人、货、场，其实更是人设、货品以及场景的匹配程度
决定了客户是否下单。如果一位乡村宝妈，在田野间销售高级化妆品，你觉得
会有人买吗？直播跟视频作品不一样，作品可以有剧情的冲突，但是直播间是

产品价值的塑造空间。上面说的乡村宝妈可能带土特产就比较合适了，这就是我们说的要应景。

做直播我们主要是看 3 个数据：销售额、转化率、带货人数。别人能做得成功一定是有原因的，主要就是他们重视了以上 3 个数据。转化率越高，说明产品越有优势。

数据里有产品的品牌、销售的价格以及佣金的比例，我们要先看产品的品质是否跟它的价格匹配，要像爱惜羽毛一样来珍惜你的粉丝，而不是把糖水当成燕窝卖给消费者，即使你今天卖出去了，但却失去了下一次带货机会。

既然是卖货，就要以货为核心，你就是这件商品的代言人。粉丝可能因为喜欢你，认可你才来你的直播间下单，这个时候粉丝对你已经有了初步的信任感，但粉丝毕竟是要花钱的，他们会抱着试试看的心理在你这里下单，如果产品和服务达不到预期，他们不仅会退货，可能以后

再也不会喜欢你了。还是那句话，产品代表了人品。

　　这个时候，我们需要跟供应商洽谈，主要就是谈品质如何保证，产量如何保证，售后服务如何保证，在沟通中去辨别供应商对待客户的态度以及对产品的信心。这些问题都关系着你直播间是否能做得起来。如果能得到供应商的支持，跟供应商一起商讨活动力度，真正能为粉丝带来更大的价值，这样的直播才会受到粉丝的欢迎。

　　"抢到"是直播间的秘诀！限时、限量、限价，能做好这"三限"，才能带动直播间的气氛。这"三限"需要跟供应商进一步沟通。

　　所以我们在选品的时候，最好是主播能参与并亲自试用，对包装、生产工艺、原材料或功能有所了解。得到供应商的支持，这个选品才算成功。如果你卖的是一件普普通通的商品，想通过主播卖力销售出去，还是有很大难度的。

　　螺蛳粉是广西壮族自治区柳州市的特色小吃之一，具有辣、爽、鲜、酸、烫的独特风味。螺蛳粉是柳州最具地方特色的名小吃。螺蛳粉的美味还因为它有着独特的汤料，吃着香闻着臭的特点让这个产品在抖音上成了网红产品。

　　我们选品时用数据交叉分析，可以先在食品类目里寻找销量多的商品。分析产品价格带，然后再用产品关键词去排序，找到转化率高的产品，最后，再去按照佣金比例找到合适的供应商。

　　所谓选品，就是站在你粉丝的角度帮他们去寻找合适的商品，充当买手的角色。主播要精挑细选，而不是一味地看中佣金，卖不出去何谈佣金呢？

总结一下，直播间的竞争就是产品力的竞争，产品选得好，赚钱不会少！通过看数据，分析数据，才能选出好的产品。

我们要看店铺评分、用户评价、销售额、转化率、佣金，分析哪一个商品适合你的账号带货，主播对哪一类商品比较有热情，分析产品的优点，找出卖点，以及如何自我塑造产品价值。

综合人、货、场的因素，直接开干吧，做得多了，自然就有经验了。

11　新手如何做直播

在整个短视频和直播中，直播才是真正变现的开始，尽管我们说过短视频可以带货，不出镜也可以在抖音赚钱，但是真正能在抖音上获得更大商业机会的还是直播。那么如何做好一场直播？直播前我们要做哪些准备？直播过程中会出现哪些问题？直播后我们该如何复盘，争取一场比一场效果好呢？

直播前的准备工作：

1. 两部手机、两台美颜灯、声卡、麦克风、耳机；

2. 了解并熟记平台规则，不要踩雷违规；

3. 选品上链接；

4. 设计活动价格，粉丝福利；

5. 直播间推广。

我们一直在强调，直播卖货就是人、货、场的结合，那么当我们确定要做直播时，首先要考虑来看我们直播的人是哪些人群，会有哪些兴趣点，他们最在意什么？怎么样才会吸引他们停下来听我讲？

这些逻辑跟短视频是一样的，但是直播比短视频来得更真实，短视频可以通过后期来制作，但是直播不同，它是很真实的过程。如果是直播 PK 和唱歌跳舞等才艺表演就比较简单了，因为大家都能理解怎么样才能更应景。在这里，我们说的直播主要是指直播带货。

直播是有一部手机就可以立马上手的，但是真正要把直播做好，特别是对于我们新人来说，还是会遇到很多挑战的，这里跟大家简单分享一下我们要在哪一个级别做哪种场景布置。

1. 需要两部手机主要是考虑到前置摄像头会更加清晰一些，我们把直播账号的手机放在主播正对面，调整好角度。用另外一部手机看用户滚屏字幕，可以及时与粉丝进行互动。同时助理可以控制主播账号，参与发红包等活动。

想要画面清晰，一定要把灯光调试好。这未必需要多专业的灯光师，我们可以自己坐到镜头前测试，找到最佳的光感。同时可以设计直播背景音乐以及用声卡来控制节奏，这有利于提高直播间气氛。做直播就是先"自嗨"的一个过程。没有人给你鼓掌，你可以用声卡来给自己鼓掌。

2. 了解平台规则。你在直播时，要对说的每一句话负责，因为直播不同于线下叫卖，每一句话，其实都是你对产品的讲解，都是

一句广告语。所以不能夸大或虚假宣传，误导消费者下单，这是直播间的底线。因为抖音的 AI 技术可以捕捉到你说了什么，即使用户不投诉，也会被识别到。抖音的系统检测功能是很强大的，特别是涉及政治、名人等，这里要求主播一定要熟知平台规则，避免被封号，这个损失就不用多说了。

3. 选择产品。如果是我们自家的农产品或者是自己公司的产品，相信你一定比较了解产品的特点、功能、卖点以及与竞争对手的差异化。如果不是卖自家的产品，主播可能并不了解要直播销售的产品，那么在直播前就要学习该系列产品的作用、卖点等，关于秒杀、赠品等活动也需要提前沟通好，并找好素材及做好活动策划。

直播为什么会有这些规则？因为很多主播在套路消费者，讲好的福利不能发放，用劣质的赠品忽悠消费者，甚至是卖三无产品以及不能兑现承诺或误导消费者，抖音已经正式成立了"兴趣电商"，作为一个大平台，一定会非常规范，绝对不可以投机取巧。

直播前、直播中、直播后，主播就是直播间的主人，要像一个家庭的主人一样招待客人，需要热情、幽默、友善地招待客人，要把客人招待好，他才会跟你互动，给你打赏，甚至会买你的产品。直播时要记住一个词——"自嗨"，只有"自嗨"了才能带动直播间的气氛。

II　直播间场控

做好一场直播，绝对不是一个人的战斗。我们主播在讲解时，还需要一个岗位就是场控，那么场控到底需要做哪些工作？怎样才能算是一个优秀的场控呢？

场控，主要为以下"四控"

1. 控主播；
2. 控用户；
3. 控产品；
4. 控节奏。

控主播，与其说控制主播，不如说协助主播。一场直播下来少说一两个小时，而且还是激情的演说。这个时候主播的精力全部用在"表演"上了，场控要把注意力集中在主播身上，随时配合主播，并关心主播的状态。主播是高强度的工作，真正要做好一名主播是非常不容易的，这个时候场控就要随时关注主播的一举一动，该给主播鼓励的时候要鼓励，主播情绪低落的时候要想着更换主播或让主播休息，只有状态好的主播才能做好直播。

掌控直播间的状况，特别是直播间人数较多时，黑粉总会有的，一些敏感词要及时屏蔽甚至拉黑，当然最高的境界是不去理会，但是如果黑粉过多，一样会影响其他粉丝的购买决策。在直播前，可以设计屏蔽敏感词。

对于粉丝的提问，场控可以针对代表性的问题念出来，告知主播，让主播去回答或者演示，照顾到粉丝的情绪。如果粉丝有疑问，一直得不到回复，相信粉丝也不会购买，对于直播间积极性比较高的粉丝，可以喊出他的名字，给予高度的认可，让粉丝在你的直播间有存在感，并鼓励粉丝加入粉丝团。我们一直说直播就是一对多的销售，那么我们要控制好销售现场的气氛，这一点很重要。人们都有从众心理，特别是在犹豫的时候，直播间成交的气氛会感染这类人群。对于送礼物的粉丝，尽可能念出他的名字，要对他表示感谢，这样能形成一个你来我往的好气氛。

电脑端上下架产品，修改库存是比较方便的，场控就是要根据内部的库存以及各地发货时效做出判断，特别是定制类的产品，一定要提前告知粉丝。直播不仅仅是卖货，还要对整个销售过程负责，每一场直播的质量、产品的发货、售后都会影响到下一场直播间的氛围。如果前一场购买的客户都来反映产品质量不好、服务不好、售后体验差，那么这样的情况下，本来想购买的客户可能也不敢下单了。

直播并非卖得越多越好，我们要控制销量，根据自身的产品库存、发货效率以及售后能力进行综合考量。所以说场控还是整个销售运营的核心。直播间针对福利款产品临时调整价格等事也需要场控去完成。

每一场直播都是一次大型的销售活动，只要是活动就得限制人数、限制价格。要引导粉丝按照直播间的节奏来，之前我们说的"逼单"其实就是这个概念。虽然抖音现在不允许这样做，但它还是销售的重要环节。我们不能引诱粉丝、误导粉丝，但是你没有一个前期产品价值的塑造，粉丝可能就没有消费的冲动。因为直播间跟线下的最大区别就是我滑走仅需0.01 秒，也就是我进了你的直播间，如果没有吸引我的地方，我马上就会滑走。

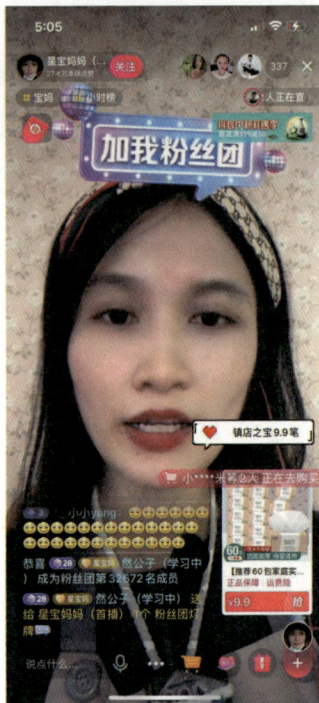

← 讲解卡片

直播间的粉丝停留综合下来仅有两分钟，这个已经是做得很不错的直播间了，所以从一个产品的讲解到引导粉丝成交，整个节奏的把控是相当重要的。

特别是我们的带货直播间，主播不是来跟粉丝闲聊的，我们的目的只有一个——成交。因此我们需要用提炼好的话术来重复介绍产品，不断地重复，让粉丝的购买情绪高涨，直到购买。

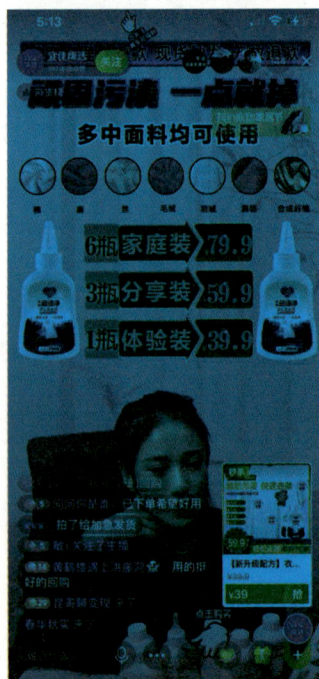

← 商品展示

这个时候，我们需要了解的是，其实你又要针对刚进直播间的新人。再次重复塑造产品价值。场控就要提醒主播不能聊跑题。

场控需要配合主播每隔两三分钟点击一下讲解产品的上架，这样画面中就会出现"××商品正在讲解中"来提高直播间访客的商品点击率。

还可以使用"直播伴侣"，在背景上呈现活动方案。

所以说场控和主播的搭档契合度是决定能否做好一场直播的重要因素。

整理一下，场控的主要职责就是：

1. 负责维护直播间秩序、日常直播管理；做好产品上下架，活动内容的策划与现场执行；

2. 配合主播进行产品讲解、增加粉丝互动、提升直播产出；

3. 直播内容的策划以及节奏把控，直播中控台、后台操作及现场气氛的调节；

4. 配合主播完成公司每月制定的 KPI 销售指标。

11　直播间复盘

温故而知新，复盘就是看数据、分析数据、总结数据。

抖音的好处是可以看到回播，主播和运营甚至副主播都要参与，一起探讨哪些地方做得还不够好，哪些地方是非常值得表扬的，大家一起看回播，一起分析，以便下一次改进加强。

那么我们怎么看数据，在哪里看数据，每一个数据背后的含义又是什么？

没有量化就没有优化，每一次复盘都是一次优化的过程。在抖音上有120多个数据指标，我们不可能每一个指标都去分析，我们需要从这么多数据中找出真正能帮助我们提高 GMV（成交总额）的核心指标。这些指标是对我们 GMV 有重要指向的，然后把这些数据监控起来，作为核心考量的标准。

我们都知道销售额 = 客单价 × 付费人数，但是在抖音这个动态的直播间应该是直播 GMV= 观看 UV（观看人数）× 停留时间 vs 转粉率 × 客单价

我们需要通过以下几个方面去分析：

1. 直播时长；

2. 人气诊断；

3. 带货诊断；

4.UV 价值；

5. 店铺口碑分。

这些指标不仅仅要跟同类目对标账号去比较，也是改变我们销售额的核心。直播场次不宜太多，我们要拉长直播时长。直播不会限制你直播时间，我们要做到勤能补拙，现在已经有很多"日不落"直播间了，就是一天24小时都不停播。

1. 成交取决于流量的转化漏斗，怎么理解转化漏斗？如下图：

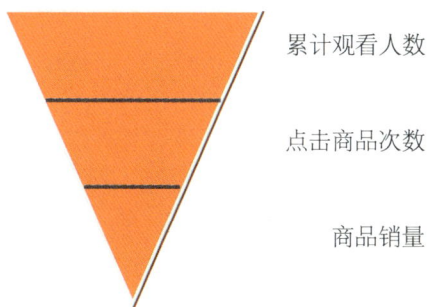

点击商品次数 / 累积观看人数 = 点击转化率

商品销量 / 点击商品次数 = 购买转化率

商品数量 / 累计观看人数 = 整体转化率

平台是看我们整体转化率的，也就是来了多少人，你成交率如何？成交率越高获取流量的机会越大。

直播时间越长，相对来说进来的访客越多，如果转化不好，肯定会拉低转化率。这个时候，我们就要分析访客进来为什么没有点击商品，点击了商品为什么没有下单。

2. 人气综合指标指的是观看人次，互动率，转粉率以及平均在线和平均停留时长。

这几个指标越高，意味着你直播间越有看点，对访客越有价值，否则就会出现访客进来了秒进秒退的现象。很多时候不是我们直播间没人，而是人进来马上就滑走了。

下图是"大狼狗郑建鹏＆言真夫妇"其中一场直播的人气数据，跟同类目相比我们可以看出，他直播间的互动率是低于同类目其他账号的，因为他的流量实在太大了。

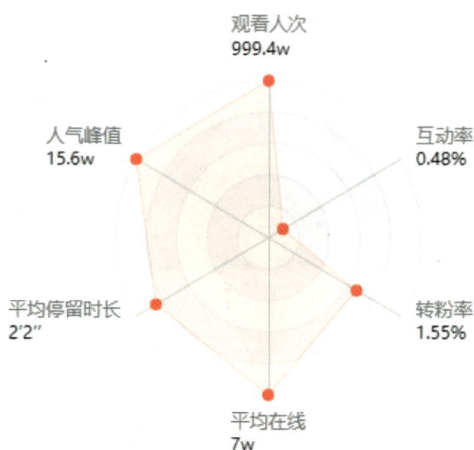

直播间要想做得好，至少要达到行业平均水平。特别是在转化率这一块，访客进来了，我们要想办法让他留下来观看，并引导转化成交。

指标	数值		行业水平
互动率	0.48%	低	行业水平: 0.51%
观看人次	999.4w	高	行业水平: 2w
人气峰值	15.6w	高	行业水平: 615
平均停留时长	2'2"	高	行业水平: 1'3"
平均在线	7w	高	行业水平: 92
转粉率	1.55%	高	行业水平: 1.46%

3.我们再看带货数据，影响它的核心是 UV 价值，这个跟流量有很大关系。同时销售的好与坏，与主播的讲解、直播间的气氛以及活动策划都是相辅相成的。我们一定要找出跟同行业的差别。

4.我们要清晰地知道什么是 UV 价值。

UV 价值 = 销售额 / 访客数
销售额 = 访客数 × 转化率 × 客单价
所以：UV 价值 = 转化率 × 客单价

通俗来讲，就是进来了那么多人，真正购买的有多少，人均产生的价值是多少。

我们还用"大狼狗郑建鹏 & 言真夫妇"的这场直播数据来看。

当然，不同的商品属于不同的类目，我们需要不断优化总结，知道自己短板在哪里，然后去不断完善。

5.店铺口碑分考量的是我们之前销售出去的商品买家对抖音小店的评

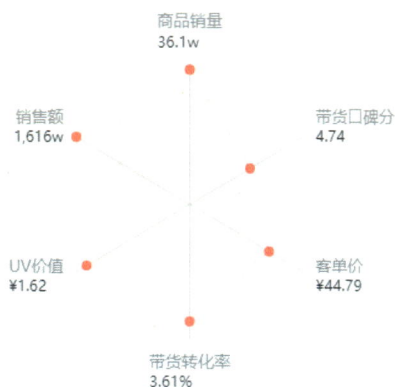

商品销量 36.1w
销售额 1,616w
带货口碑分 4.74
UV价值 ¥1.62
客单价 ¥44.79
带货转化率 3.61%

客单价	¥44.79	低 行业水平：¥76.18
商品销量	36.1w	高 行业水平：403
销售额	1,616w	高 行业水平：2.2w
UV价值	¥1.62	高 行业水平：¥0.70
带货转化率	3.61%	高 行业水平：2.05%
带货口碑分	4.74	高 行业水平：4.27

分，体验分由商家近 90 天内的"商品体验""物流服务""服务态度"3 个评分维度加权计算得出。体验分为 5 分制，低于 4.0 分的产品入不了精选联盟。每个自然日的中午 12：00 进行数据更新。

带货口碑由带货主播在直播间小黄车和橱窗带货评分来决定，分数也为 5 分制，分数越高，消费者信任感越强。同时，抖音官方也会进行推流，如果分数太低，会影响直播间流量，也有可能会被限流。

有些消费者在购买商品前会认真去看其他买家的评论，即使你讲解得再好，也不如他眼睛看到的评论真实。这个跟电商其实就是一回事了，所以综合能力很重要，不仅要选好品，还要主播能讲，结合运营的配合，活动的策划以及售后团队的配合，只有每一个环节都尽可能做到超出客户的期望值，才能真正让更多买家满意。

▸ **Chapter 7**

开通抖店

重视店铺的口碑分、信用分、体验分、违规分，以及店铺品退率、投诉率、差评率，我们要全力把这几个维度维护好，才能大大提升店铺销量。

抖音，不仅仅是记录美好生活

11   如何开通抖店

我们需要通过抖音平台来销售自己的产品，就需要开通抖音小店。整个开店流程比较简单，我这里只简单地概括一下。

入驻抖店

手机号码

验证码   发送验证码

立即入驻

已有账号? 立即登录

其他入驻方式

最近登录
抖音入驻   头条入驻   火山入驻

登录即代表同意 用户协议 和 隐私条款   无法登录?

抖店   首页   入驻流程   入驻材料与费用   常见问题   抖音电商学习中心

入驻所需材料、费用

开店主体 ⑦ ● 企业   个体

店铺类型 ⑦ 普通   专卖   专营   ● 旗舰店

抖音小店同天猫和京东等平台的最大区别就是不受单个类目限制，也就是说可以开通多个类目。

我们仅需按照步骤来就可以了。

我们可以使用抖音账号直接扫码绑定，我们可以用手机号注册。我们需要注意的是，一个手机绑定一个店后，就不能重复开店了。

抖店也分为旗舰店、专卖店、专营店和普通店铺。用户可以根据自我需求来选择店铺类型。旗舰店需要自有品牌或者商标授权。

相对来说，专卖店和专营店会受到品牌的限制。

建议前期先开普通店铺，这样以后还可以升级为旗舰店。

我们可以根据营业执照的经营范围以及产品的类目，选择相关的经营类目。抖音平台要求跟其他电商平台基本相似。

我们只需要按照流程操作就可以。不同的类目保证金也是不同的。如果退店，只要没有违规被处罚，保证金可以退还。

资金数据 ⓘ   更新时间：2021/11/14 20:43:07

保证金余额	可提现金额 ⓘ	待缴佣金 ⓘ
￥5000.00	￥59.51	￥0.00
充值	提现	缴纳

开店容易守店难。确定要开设抖音店铺就要好好经营。因为不管哪个电商平台对入驻店铺都有不同维度的考核。我们需要积极处理订单及售后。

店铺口碑分非常重要，一旦评分低于 4.5 分，无论是达人还是消费者，就都不会看好这个店铺。同时店铺商品的曝光量也得不到抖音官方的扶持。

重视店铺的口碑分、信用分、体验分、违规分，以及店铺品退率、投诉率、差评率，我们要全力维护好这几个维度！我们把它称为店铺的"DSR"（店铺动态评分）。

DSR 作为衡量店铺服务水平的最重要指标，在将来自然搜索中的权重会不断得到提升，好的 DSR 可以让店铺排名更靠前，从而带来更多流量，大大提升店铺销量。

在抖店运营中，店铺装修、产品上架、活动策划等都需要像经营其他电商平台一样重视，做过电商的小伙伴会比较容易上手。现在有很多从来没有接触过电商的小伙伴，需要从头开始学习，抖音官方网站有相关的课程，这里也就不再过多重复。

II 抖音小店运营技巧

本人有 10 多年的电商运营经验，在天猫和京东及拼多多有十几家店铺。总结一下我对电商平台的一些看法，希望能与更多同行交流和学习。

抖音店铺的运营主要有以下几个核心点，需要店铺运营者重视：

1. 选品；
2. 关键词；
3.SKU；
4. 商品策略；
5. 活动策划；
6. 售前、售中、售后流程。

在任何一个电商平台，产品同质化都非常严重，甚至你自己开发的新品，只要有较好的销量，马上就会有同行模仿。那么怎么才能让我们立于不败之地呢？那就是用心选品，打造爆品，一定不能求多求全，更不能奢望每一个产品都能成为爆款。

店铺的销售额就是由那些 20% 的动销品来支撑的，我们需要把精力放在最有竞争力的爆款上。

1. 爆品需要具备的几个核心要素

（1）要么尖叫要么笑

这个我们在前面的选品里也有讲到，产品具备让消费者尖叫的能力，消费者才会买账，才愿意花钱购买产品，只有在产品研发的每一个环节都精心设计，细心打磨，才能水到渠成地成为爆品。好产品才能引发好口碑，才能让消费者有分享的动力。

（2）产品要有"新"的特质

汽车品牌每年都会推出新品，无非是在外观上加以改良。即使不是新品，我们也要给它赋予新款的概念，毕竟不是每一个消费者都能看到我们的产品，或都曾购买过我们的产品。人们都有喜新厌旧的心理，我们要有新瓶装旧酒的意识，比如产品外包装的升级就是一个方法，它可以迎合甚至是引领时代的潮流。我们想要打造爆款产品，必须与时俱进，根据当下的流行趋势和新兴的时尚元素去重新给予产品二次生命。

（3）符合消费者的个性化需求

无论是在营销、服务、还是内部员工培训上，都应该告知客户一个观点——我们不一样。我们找出所售产品与老款的差异，让其表现出与众不同，尽可能创作一些独特的卖点来贴合现代人群的个性化需求。

（4）制造新的场景化营销

根据产品的特点找到使用人群的画像，根据他们经常出现的场所，他们交流的语言特点以及各种行为习惯，整理出符合他们调性的语言文案。甚至是用他们自己都没有想到过的使用场景来制造使用需求。

（5）具备较高的性价比

高性价比是消费者一直坚持的原则。物美价廉就是消费者所需要的。我们要用倒推的原理来重新核算价格，控制产品价格。性价比一定要高，让消费者有占便宜的感觉，比如利用活动策划、组合营销、赠品营销等方法。总之，就是让消费者感受到高品质的商品，中端商品的价格。

2. 关键词的使用

我们在关键词方面聊得比较多，抖音店铺未来会有更多用户会通过关键词来搜索商品。为便于用户记忆和识别，我们最好用通俗易懂的词语来描述商品的品牌、卖点及活动。不断组合多种产品的关键词发布商品。同时可以根据巨量算数或者其他电商平台的后台数据得到消费者的搜索词热度。只有这样我们才能有更多曝光的可能性。

3.SKU 玩法

SKU（库存进出计量单位）主要指商品的销售属性集合，便于用户在下单时选择，如"尺码""规格""颜色""分类"等。

SKU 颜色分类的填写技巧，要确保信息的正确性和完整性，就是你图片中的颜色和点击出现的图片颜色是对应的，这样才会保证顾客的购物体验。同时可以用修饰词来描写颜色，例如"法拉利红""深海蓝"等，给予客户一种意境。

（1）低价引流

低价或活动引流是我们必须做的（当然个别情况除外），但是要注意一点，最低价的那个 SKU 要明确标明，才能提高转化。

（2）配合主图

对于有很多款式、尺码、型号的链接，我们要清楚哪些搭配是销量最大的、最受欢迎的，然后针对这些写好广告词及活动玩法描述，它们都要体现在你的主图上。

（3）链接权重

很多卖家都希望产品更加全面，所以不仅会上很多产品，还会一个产品链接设置很多 SKU，这种思路是不对的。当你有 10 个 SKU 的时候，如果你只有一两个 SKU 销量还行，那么其他的就是在拖后腿！甚至有时候 SKU 统一价格也就是不设置区间价更好。

（4）引起对比作用

合适的 SKU 布局能起到大幅度提高转化的作用，并且能引导顾客买利润高的商品。甚至是你想让消费者重点购买哪一个规格和型号，用价格来让消费者选择。

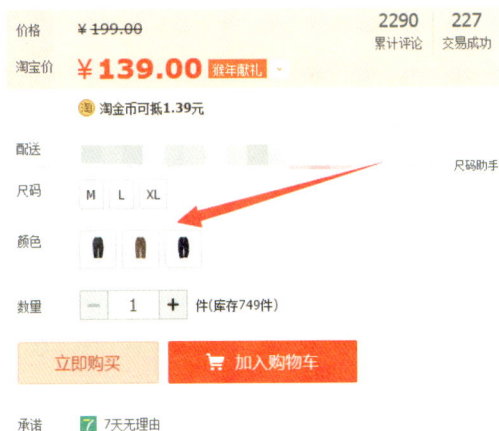

（5）根据库存设计

我们可以根据自己的库存情况来调整 SKU 的价格体系。库存量大的主推，库存告急的拉高价格，总不能因为库存告急而随意下架商品。

抖音电商的特点是需要停留时间，但是对于店铺来说，并不是停留越久越好，因为当有大量的访客进来时，焦头烂额左右为难反而会降低转化率，我们一定要把 SKU 设置明确。例如"三岁宝宝""身高 1.65 专享"等让用户对号入座，帮助访客做下单决定。

4. 商品策略

所谓商品策略就是我们为了提高销量，尽可能在包装和价格设置上，让消费者多买，提高客单价。

通过产品组合、赠品等让消费者愿意多花钱或有买到实惠的感觉。例如买一赠一，或者是一包 3 元，两包 5 元等。在 SKU 里设计不同的规格和商品促销价格。

在商品组合上，我们的产品要有引流款、爆款、利润款。引流款的作用就是为了留住用户，比如用来做秒杀的商品，哪怕是略亏或平进平出都可以。

爆款是本身具备优势的商品。可以通过发放优惠券的形式，迅速起爆直播间的销售额。

利润款就是在每一直播时间段的人群里去筛选不在意价格但是在意品质的用户，或者说是愿意多付费的用户。这样一场直播下来，不仅仅销量得到了保证，利润也得到了保证。

有的商品就是单品，那么可以用赠品来做溢价。赠品通过批量采购或者其他渠道，拿到的实际价格可能是比较低的，但是因为有锚定价格，这样消费者就会觉得占到了便宜。

5. 活动策划

活动有官方发起的，例如"6·18"、双11等，也有商家自行发起的XX周年庆等。活动的目的就是让消费者感觉参加了活动就能在原先的基础上得到好处，无论是抽奖还是红包等，都需要公平公正，实事求是，千万不能用活动的噱头来欺骗消费者，这样的做法不会长久。我们需要经常搞各种活动，所以一开始的产品定价不能太低，常见的官方有满"200-30"，这需要我们去计算好活动后的价格是否还能有利润。

当用户买了该商品，发现你的活动价格更低，这时候是很容易引起用户不满，甚至退货的。如果是金额过高的商品，用户不仅会给你差评，还会要求退还活动差价，这时卖家就比较被动了。

6. 售前售中售后流程

售前需要准备的工作就是产品详情页设置、活动策划，这要提前准备好。库存、主播话术培训、卖点提炼等可以在销售前做演习，模拟用户进行购买会遇到的问题。只有做好充分的准备，方能在直播中得到更好的销售业绩。

主播就是传统店铺的客服，也是一对多的销售演讲。一定要注意话术的正确，不能夸大产品功能和效果，不求销量爆单，但求销量稳定。

因为对于一个抖音店铺来说，用户的评价和退货率是很重要的。抖音上很多用户还是因为兴趣和一时冲动下单的，这也是抖音退货率高的原因。要想经营好抖店，必须重视销售的前端准备工作，因为有流量进来才有足够的销售信心。

当主播对自己的商品了如指掌，信心十足的时候，会大大提高在直播时的销售热情。

售中处理能够化解很多售后的问题。在销售过程中，需要根据主播的表现，不断调整活动方向或者库存等。上下架商品时注意价格，不能因为价格设置错误导致产生损失。

销售过程中要根据直播间的销售数据、流量数据等及时分析，以及付费推广等随时调整。而不是主播一个人在直播，团队成员都闲着没事干，其他成员要记录直播间用户互动在意的点。用户提出的很多问题就是我们要解决的问题。

售后前置，也就是我们接到了订单，需要进行发货，对于偏远地区或者物流信息异常的，需要及时核实并跟用户解释。对于本身就犹豫不决的用户，可以提出给予一些价格的补偿协商，尽量不要让用户退货。如果是低客单价的，例如9.9元的商品，可以给他退还差价，哪怕是送给用户（毕竟只是少数用户），也不要给店铺增加退货率。

对于大件需要安装的商品，要及时联系安装师傅，提前做好沟通，也可以建立沟通群，确保货到了就有师傅安装。不能让客户等待太久，有很多客户会因为安装问题而选择退货，这样就得不偿失了。

抖音电商运营考验的是多维度的综合能力，涉及方方面面问题，想做一个合格的优质卖家，需要建立各个维度的服务标准和体系。

期待以后有机会跟大家再做更多的交流。

▶ **Chapter 8**

付费推广

付费推广可以快速帮助账号打上精准标签，并找到相对精准目标客户。

付费就是杠杆，可以撬动免费流量，当作品都推荐给目标客户观看时，完播率也就上去了。

抖音，不仅仅是记录美好生活

‖ 如何投 DOU+

在付费推广之前，我们要先了解什么是"DOU+"？

DOU+ 能给我们账号带来什么样的的价值？

什么是 DOU+

DOU+ 是抖音为创作者提供的视频加热推广
工具，能够高效快捷地提升短视频作品的播放量
和互动量，还能提升内容的曝光效果，满足抖音
创作者的多样化需求，主要具有以下优势：

1. 操作便捷，分拆投入，操作界面简单明了；

2. 互动性强，多触点交互，强力凝聚粉丝的效果明显；

3. 流量优质，基于抖音平台众多的用户流量，加强曝光热度。

DOU+ 主要有 4 大功能：

1. 更多曝光；

2. 更多互动；

3. 吸引新粉；

4. 为 TA 打 call。

抖音日活用户有 6 亿之多，但是一个作品不可能推送给 6 亿人观看。毕竟抖音上的人群是多样化的，同时，对你发布的信息不感兴趣的用户来说，这些信息是无用的。平台要做的就是给有不同兴趣爱好的人群推送有价值的信息。

哪怕再小众的群体，在海量的信息里，都有巨大的人群存在。这句话怎么理解呢？好比你身边可能没有一位女性会抽烟，但是全国仅女性烟民就有 1400 万之多。

抖音平台对作品的更新热度也就是 3 天左右，因为平台需要的是及时性和准确性。好比一条新闻，今天播出来它是新闻，很有热度，但 3 天以后基本不会再有人关注了。

那么我们普通创作者为了作品能得到更多的曝光，就可以选择付费的模式来推广，让更多用户看到你。

我们一直说，流量是最贵的。因为人们的时间才是最大的成本。我们不可能同时看到所有创作者在同一时间段发布的作品，这个时候，抖音运用了强大的数据算法，按照每一类人群的兴趣特点来分发作品。

怎样判断一个账号背后的用户对哪一类事物感兴趣，就看他在这件事情上花费的时间。例如他喜欢美食，那么刷到了美食类作品，就会认真的看完，甚至一遍没看明白，还会再看一遍，或者把这个作品保存下来，便于后期学习。这时，抖音就会通过你在这个作品的停留时间来计算，我们把它称之为作品的"完播率"。完播率＝（综合观看时长／总观看人数）×100%，即视频的播放完成率。

判断一个作品的第一原则就是看完播率。无论多优秀的作品，没有人观看就没有意义。那么 DOU+ 功能就可以帮助我们去付费推荐给对这类作品感兴趣的人群，以此获得更大的曝光。

所谓的垃圾信息，只是对你没有价值而已，但是对于其他人来说，可能就很需要这样的信息。

找到相对精准的人群，作品得到了更大的曝光，这个时候对你作品感兴趣的人群就会跟你互动，参与讨论。

好比钓鱼爱好者看到钓鱼类的视频作品，他们就会停留下来讨论。甚至能在作品评论区相互交流钓鱼心得，进而形成圈子文化。这个时候就能成功吸引新的用户成为你的粉丝，粉丝为什么关注你？主要是因为他跟你有共同的兴趣点，你的作品对他有价值。

抖音巧妙的设计，还能为你喜欢的作品去付费加热，只要你愿意，可以给任何一个创作者付费加热作品。它跟传统的互联网推广不同之处在于，投入单笔低至 50 元，这让我们几乎可以忽略成本，用最低的费用去测试作品的受欢迎程度。

找对人说对话，否则就是对牛弹琴。DOU+ 的功能就是帮助我们去海量人群里找到相对精准的目标客户。

那么，我们该怎样投放 DOU+ 呢？主要从以下几个维度入手：

1. 投放目标；

2. 投放时长；

3. 兴趣用户；

4. 自定义推荐；

5. 兴趣标签。

我们这里要说的就是用户画像，当我们理解用户画像时，投 DOU+ 就比较容易了。

DOU+ 的投放主要有两大好处：一是快速帮助账号打上精准标签；二是找到相对精准目标客户。所以付费就是杠杆，可以撬动免费流量，当作品都推荐给目标客户观看时，完播率也就上去了。

我们的作品要在自然播放量达到 1000+ 的再做投放。

投放时，可以采用多批次、小金额、长时间的逻辑。

也就是不要在某一个作品上一次性投放大金额。可以 100 元一次，拆分广告投入经费。

作品本身有潜质，有较好的播放量和互动，才可以多次投放。

投放时间可以选择在 6 个小时。

投放目标主要有点赞评论量、粉丝量、主页浏览量、线索量。

系统会根据用户的习惯，把作品推荐给相关的人群。可能有些人不管看到什么作品上来就是一个赞，还有就是一些键盘侠，不管你说什么，都要表达一下自己的观点。那么你想，这样的人群是我们要的吗？未必，因为这可能就是他们的行为习惯。真正对我们作品感兴趣，甚至产生购买行为的人群，在抖音上同样也是有数据痕迹的。

对于变现的账号，我们其实更希望用户能去浏览我们的主页或者根据我们设计的插件来吸引潜在客户。

当然在账号初期，为了满足平台的一些规则，例如之前是需要满足 1000 个粉丝才可以直播，那么就可以通过 DOU+ 来快速完成粉丝量。

而我们只能靠有价值的内容才能真正吸引用户成为我们的粉丝。只有对他人有用、有价值的账号，才能吸引平台用户的关注。

系统智能推荐就是把视频推荐给潜在的兴趣用户。

抖音平台的算法机制会根据用户的习惯，通过智能识别，大概知道哪些人群会对我们的作品感兴趣。假如这个用户之前一直会在搞笑类的作品长时间停留，但是刷到美食账号就直接滑走，系统就会给他多推荐搞笑类作品，少推荐美食类的作品了。系统的目的是投其所好。

对于变现类账号，创作者要非常清晰地知道，哪一类人群是我们的目标客户，我们可以根据自定义来定向投放。

什么是变现类账号，其实我们上来做抖音的目标就非常明确，是需要通过抖音来进行变现的，也有绝大部分的视频创作者，就是抱着玩玩的心态来创作作品，他的作品跟平时发朋友圈的性质是一样的，什么内容都有，没有明确的目标，这就不是变现类账号。抖音上有一大部分的账号是变不了现的，即使有很多粉丝的账号也是如此，这个就我们前面说到的定位。定位不清晰就是客户不精准。

我们既然是来变现的，就要很清晰地知道"我的目标客户是谁，我要赚哪一类人的钱，我能为哪一类人群提供解决方案"。

自定义，就是我们已经明确了目标客户，然后通过 DOU+ 的付费方式，把作品推荐给他们。让这类人群来观看作品，从而实现引流的作用。

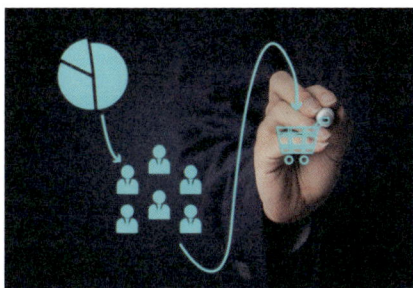

客户性别、年龄段、地域是比较容易分析出来的。如果产品或者服务有地域限制，那么我们可以根据自己的所在地来做精细化小范围的投放。例如实体门店只能服务方圆 10 公里的顾客，那么我们就可以设置投放范围的半径。

同样可以根据当地的商圈来选择。可以一次性选择 100 个具体的商圈。

兴趣标签尽可能精细选择，目前抖音把人群分为 17 大类。可以重叠，也可以单一选择。这就需要我们去做精准的人群画像，根据画像来判断我们的目标客户有哪些会较关心的点。

举例，用户是一位 25 岁的单身女性上班族，那么她可能对美妆、美食、旅游、生活类作品比较有兴趣，对金融、法律、母婴等可能就没有兴趣，那么做母婴产品的商家在投放 DOU+ 时就可以不用选择该类人群。总之，目标客户越清晰，投放就能越精准。

达人相似，就是我们的同行，或者同一类创作者。这个人群是相对来说比较精准的，但是要想把他的粉丝吸引过来是很难的，越是比我们强、运营比我们好的账号，粉丝转移的难度越大。但这类粉丝又是重叠的，例如你是做美食类账号的，那么可以挑选 20 个美食类账号进行投放 DOU+，对手做的是家常菜，但你做的是点心，这类爱好美食的用户一样会有机会来关注你，进而成为你的粉丝。

所以我们完全可以通过达人相似来做投放，技巧是寻找那些粉丝量跟我们接近的账号来做自己的对标账号。同理，当我们的内容做得比对标账号更好的时候，一样可以去投放相似达人，粉丝都有货比三家的心理，只要我们的作品内容做得好，一样可以把其他达人的粉丝转化成我们自己的粉丝。

在此，我不建议批量投放。批量投放就是把多个作品一起投放，只有每一个作品都有非常好的播放量或者在直播前就把大量流量引流到直播间，再或者是我们的活动力度非常大的时候，才可以尝试批量投放。

DOU+ 同样可以通过付费来为直播间加热，这个就需要我们根据自己的实际情况去做决策。最后说一句，DOU+ 只能锦上添花，不能雪中送炭。只有我们认真创作优秀的内容，为用户不断输出有价值的作品才有未来。

11　千川的投放技巧

前面我们说到了大量的案例和创作方法，皆是为了在平台获取免费流量。那么也有些企业或品牌直接采用付费的方式获取流量和商业曝光机会。

目前抖音的主要付费广告形式有以下几大类：

1. 信息流广告；

2. 开屏广告；

3. 搜索广告；

4.Dou+；

5. 企业号。

不同的广告推广形式在运营上也有很大的区别。

信息流广告就是在抖音平台内容中穿插广告，针对不同的行业给出解决方案。

抖音的开屏广告类型也有多种呈现方式，满足了不同商户的广告诉求。可以是图片、动态图、视频，甚至是全屏沉浸式视频素材。

搜索广告，就是当用户搜索品牌关键词，或者相关产品关键词时，抖音会给予广告主品牌优先展示的机会，甚至按照竞价排名。

DOU+ 主要是抖音的内容和广告推广工具，更多是应用在提升视频的播放量，互动与直播间热度。

企业号是企业在抖音平台上的经营阵地，好比一个官方网站，可以理解成在天猫或 1688 上的一个店铺。为增强品牌权威性，可以展示企业位置和电话，也可以做企业的多人直播，以及发放优惠券、团购券等商户的一系列商业活动。

"字节跳动"的众多产品中用户数据共享，巨量纵横下有巨量广告、巨量千川、企业号、巨量星图等。这里我们主要讨论巨量千川。

什么是巨量千川？

巨量千川为抖音小店商家搭建广告投放一体化平台，独立于 DOU+、巨量引擎的账号体系和资金池。支持直播、短视频多种带货方式，支持移动端和 PC 端双端投放。

融合了原有巨量引擎、DOU+ 两大投放场景，让商家通过一体化、一站式完成多个平台的营销推广需求。不用像之前一样投放不同的场景要登录不同账号。也即是一个抖音号同享巨量的系列平台。

我们先来了解巨量千川的广告投放逻辑。

从用户的角度，我们先来回想一下自己在刷抖音时的行为，当我们上下滑动屏幕时，可能就会出现一个广告视频，这就是信息流广告，千川投放也是信息流广告展示形式之一。

在众多的信息中，有千万条广告争先恐后地想展示给用户，这样的展示机会就是一条广告请求，经过系统过滤后，只有少量的广告能被成功展示。决定哪一条广告能被用户看到，就是背后的投放逻辑。

即使是展示了，但也不是每一条广告都有用户点击进去看，那么对该条广告内容产生兴趣并点击观看的，我们称之为点击率。点击率 = 点击量 / 曝光数。

在设置转化目标的前提下，用户点击了该条广告，并符合转化的目标，例如留下联系方式等行为被称之为转化率。转化率＝转化数／点击率。

巨量千川需的核心3要素是：素材创意、商品的质量、计划的投入。当我们明白这些基本的概念了，就要多搭建计划，争取通过不同的素材去让更多潜在目标客户点击，有点击才有转化。

在投放广告之前我们要预估出价，出价高了，意味着获客成本过高；出价低了，意味着没有曝光展示的机会。因为我们要跟大量的商家竞争。

我们要深入了解效果投放流程。

这里有一个重要的ECPM值。那么什么是ECPM呢？通俗来讲就是每1000次的展示所获得的收入。它是由总收入除以千次展示数计算得出的。例如，如果发布商品的广告展示次数是50000，获得的收入为500元，则每千次展示费用等于：500/50000*1000=10元

一条计划需要经历3个阶段：冷启动期（学习期）；增量投放期；计划衰弱期。

在一个计划投放时，系统并不知道这样的广告需要推荐给哪一类人群才是最有效的，这时，系统需要进入测试投放和熟悉目标客户。

当有效转化数大于 20 个时，就算是度过了学习期。

一旦度过了系统学习期，就会扩大人群，进一步测试，系统会进行大量投放展示。这个人群毕竟是有限的，或者说是总不能把同样的广告推送给同一个用户，这时计划就会进入衰弱期，甚至不再投放。

当我们在测试中，发现多个计划，真正能跑量的可能就是那么一两个计划，那么这个时候就要加大该条计划的投入，尽量不要人工干预。当正常跑量之后，我们只需要定期的补充新的素材防止原来的素材衰弱。

为什么要建议大家做多账户，多计划投入呢？那是我们为了覆盖更多的用户群体，争夺更多的曝光机会，测试不同类型的视频、人群和搭建多样性的模型。

如果只有一两个账户，一两条计划，跑不出，没有曝光。岂不是等于没有投放。

那么针对计划不起量，计划超成本以及保量或者掉量的主要原因，概括有如下几点，同时给大家一些应对策略。

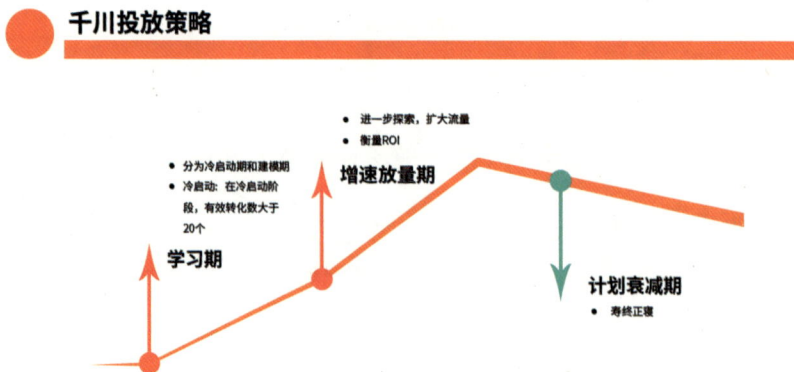

千川投放策略

- 进一步探索，扩大流量
- 衡量ROI

增速放量期

- 分为冷启动和建模期
- 冷启动：在冷启动阶段，有效转化数大于20个

学习期

计划衰减期
- 寿终正寝

　　真正需要打造一个优质内容的账号，归根到底还是需要我们把精力花在内容制作上。在抖音这样的平台上，付费只能说是锦上添花，只有我们认真对待内容，产生优质内容后，再加大广告的投入，才会事半功倍。在互联网上永远要记住的就是投产比。只要有好的转化，我们就可以按照比例加大投入。如果转化率不高，我们一定要回到内容创作上。

Chapter 9

抖音同城号

开门店做企业的抖音账号,都要在发布作品时,加上"你在哪里",告诉客户:你在哪里、你是做什么的、你比别人有哪些优势?当客户有需求,就能找到你。

抖音，不仅仅是记录美好生活

II 什么是抖音同城号

具有明显本地化特征的账号，以本地流量为目的，给当地客户提供产品或者服务的账号。让同城的目标客户能够看到你的抖音短视频作品。

无论是传统的媒体，还是本地化的广告，在今天看来，都因为抖音的出现而改变。商业的本质就是流量，我们选择一个繁华的地段去开设门店，可以方便客户准确找到我们的门店，而且人流量比较大。那么针对一些服务型的企业来说，抖音同城号帮助解决了宣传问题。

互联网的发展，让很多产品可以在电商平台销售到全国各地，但是一些服务型企业，很难跨地区经营，不仅仅是路途遥远，各地消费者的消费喜好也完全不一样，同样的产品和服务换了一个城市未必还能受欢迎，在本地能做好生意就很不错了。例如餐饮业、美容美发、装修、健身房、酒吧、家政等本地吃喝玩乐的服务业，因为小微企业没有太大的资本，更谈不上广告预算，那么我们怎么能在

当地，让更多的目标客户选择到我们这里消费？

抖音同城号就是当你发布视频的时候，一定要发布定位，把自己的门店或者公司地址定位发布上去，在你发布视频的时候有一个"你在哪里"，点击一下就会出现自己的位置。但是有的门店是没有被地图收录的，这个时候，我们就需要自己去创建位置。

如果想要在百度地图添加自己的公司，就需要进行一定的操作才能够添加成功，下方为详细的添加步骤：

在应用商店里面下载百度地图这个APP，然后打开APP，点击右上角"上报"。

点击新增——新增地点。

出现提交信息的页面。按照要求输入信息即可。

注意事项：百度地图必须是企业或者个体户入驻，是需要营业执照的。一定要精确自己的门店位置，而不是只发城市位置。

有了这个地址，我们再次发布的时候，在抖音里就可以搜索到自己的企业门店。因为抖音是实时定位的，也就是你一定是在门店里发布作品的时候，显示的才有可能是门店的地址，那么假设，我们不在门店，就可以通过搜索来找到自己的门店地址信息选择发布。

这样粉丝看到你的短视频作品时，就会在左下方显示门店地址。有了这个定位还可以直接导航到你的门店。

同时我们企业门店注册的账号，还可以在简介一栏留下联系方式，目标客户如果看到就可以直接跟您联系。

餐饮、美容美发等行业门店如果入驻了美团，还可以直接把美团上门店链接的小程序挂上去，这样，不仅仅是引流，还可以直接销售门店的团购券等。

这些服务的好处是你带给消费者的感觉很真实，实实在在存在于消费者身边，并且消费者可以快速做出决定来到你这里消费。

我们创作的作品越多，展示的曝光量也就越大，作品不仅仅展示给同城的粉丝，也跟其他作品一样会在全抖音得到曝光，只是我们强调了当地服务能及时触发到本地的消费者。

其实作为实体门店，都应该立刻开始运营抖音账号，目前来说，比同行先开始一步，就能比他花费更少的营销成本来获得流量。前面有说到，生意的本质就是要有流量，没有流量，一切都为零。我们可以通过大量的流量来筛选精准的目标客户从而达到成交的目的。

我们最怕的不是没有流量，而是流量跟我没有关系。好比开在闹市区的一家门店，车水马龙，人山人海，却没有客户进来消费，哪怕是进来看看，抖音也是如此。不仅仅要发布短视频，要有流量，还要有相对精准的流量，这里就要谈到账号的运营，定位，发布作品的内容了。

现在抖音推出来的"抖音吃喝玩乐榜"就是一个活生生的"美团"。只要你的视频有很大播放热度，就有可能上榜，当地的客户吃喝游玩时，就会来筛选，在抖音上寻找，我所在的城市，哪里有好吃好玩的，你的门

店短视频作品如果有热度就会排在前面，这就是很好的广告，很好的宣传。更能为你的门店做引流。

特别是旅游景点，酒店等，做好同城号，能为你省去不少的推广成本，还可以获得很大的曝光机会。教给大家一个最简单的方法，如果你不会做，不知道怎么创作的时候，就去抖音搜索你的同行，多看同行是怎么做的，目前在每一个行业都有做的非常好的账号，多去学习别人的创作技巧，借用创意，在本地做你自己的抖音号。

还记得我们玩微信的时候，有些门店让用户拍照片发朋友圈，集赞打折扣的玩法吗？只要你的门店装修有特色，菜品有亮点，案例真实，服务能让客户感动，说不定会有客户主动拍摄并发抖音，如果再能加上你的位置——"你在哪里"，相当于客户在帮你宣传，帮你在拉客户。好好思考如果让客户成为你的宣传员吧，在一些四五线城市，或许你的门店就是一个网红打卡店了。

有一些账号是做同城生意的，那么本地的语言，也是一个特点，能拉近跟用户的距离，在创作作品时不妨可以使用方言来展示。但是方言的局限性是只有本地人能听得懂，其他地方的用户可能不会有耐心看下去，对于账号想进一步曝光是有阻碍的。这点可以根据自己的特点来思考怎么去展示。

同城号运营中的两个小技巧，使用方言和客户案例。让客户来为你说话，用每天的工作场景来展示自己的门店。

同城号有很大的市场空间，主要表现为同城二手车，同城二手房，二手家电，二手家居，本地宠物，餐饮门店，美容美发，足疗养身，同城招聘等涵盖生活的方方面面。

可以通过抖音同城号的运作来获取流量和信息的对接。同城号不在于你有多少粉丝，更多的是是否能覆盖到本地的流量。让更多的人知道你，从而实现了解你，建立了信任从而促成交易。

同城账号在直播时，也会有同城的粉丝进来你的直播间，这是抖音的一个功能，在设置里，一定要打开同城这个功能。

在同城号运营中，抖音非常人性化，把付费推广进行了分拆，传统的百度推广，可能一次性开户要五六千，还需要你有专业的知识，才能做好。而抖音就很简单，仅需100元一次就可以投放你的作品，还可以选择方圆六公里的投放方式，这样你一个视频，重复花上几百元，就能让你周围五六公里的大部分人都能看到你的短视频。这比我们传统用DM单页广告宣传单去扫楼插车要来的省力多了。关于抖加的投放技巧我会有专门的章节来告诉大家。

抖音不仅仅是一个工具，想要运营好抖音需要你重新思考自己企业的定位或者战略，因为我们只要产品好，服务好，哪怕没有一流的门店位置，也是完

全可以做到门庭若市，一样可以让生意红红火火，只要你有源源不断的流量。

不仅仅是传统服务业，哪怕你是制造业，也是可以通过这个方法去设置一下定位，只要我们是做生意的，想在抖音上获取客户，都可以加上"你在哪里"这个地图位置功能。

总结一下，开门店做企业的抖音账号，都要在发布作品时，加上"你在哪里"，告诉客户：你在哪里、你是做什么的、你比别人有哪些优势？当客户有需求，就能找到你。

II 同城餐饮账号

在人们的吃喝玩乐中，因为地域的因素，本地化服务跟销售产品的区别，不是完全可以通过邮寄可以完成的，本地的餐饮业需要由口味、环境、服务等综合因素来决定。

那么我们本地的餐饮业如何通过抖音来曝光引流到自己的饭店来？

西安网红店—西安唐猫庭院。一个叫作猫猫的女孩让整个店铺成为全国的网红打卡地。餐饮娱乐化，这是每一个餐饮人需要考虑的问题。不仅仅是要口味好吃，好吃已经成为标配。如何在装修、服务上有新颖、奇特的创意是每一位餐饮创作者需要认真研究的范畴。之前在微信的图文时代，很多有着特别装修风格的店铺，考虑的是食客们如何拍出好看的九宫格，晒出我今天又去哪家饭馆了，现在是想看到食客们是否有拿出手机拍视频的冲动。这一点很重要，好玩有趣有新

意是每一个人愿意分享的原因。

我本人知道海底捞就是通过朋友圈。大部分人去了会分享在排队的照片，在享受美甲和其他服务，还有小哥哥小姐姐围着客户唱歌跳舞。

做好一家餐饮店，不仅仅我们自己要懂得营销，更好的方法是让每一位来过你店铺的客户都愿意分享你的店铺。

在抖音短视频上，美食账号很多。但是真正做的好的餐饮账号，都能在视觉上让客户眼前一亮。例如吃小龙虾是用大盆来装的，炒菜是用铁锹来上菜的，甚至有出现服务员是清一色的半裸的帅哥……

如果单说餐饮店做同城号，比较简单，拍摄视频，加上饭店的定位。还可以用小程序在线上销售团购券。但是我们还是要知道，不是你随便拍了一个视频，就能有播放量，就能让你附近的食客看到你的视频。即使看到了，没有很好的味蕾冲动也是徒劳。

更不要认为，本身口味很一般，装修很一般，服务也没特色的饭店，做抖音就能为店铺带来生意。在做这个账号之前要思考的并不比开店要少，如何用非一般的创意或者拿手菜来跟其他餐饮店在抖音的同等定位上竞争。

切记像流水线一样记录店铺的就餐环境。如果是生意惨淡，寥寥无几的人气则不能这么拍摄，这样反而会把生意不景气的信息传递给用户。

我们一直说，短视频是要重视人货场。因此饭店的环境气氛是我们要重心打造的场景。干净有气派有特色的场景是我们要花心思去装设的。

无论是老板、老板娘还是服务员出场，都需要在账号初期去想如何定位人设，例如我们是突显极致的服务，还是注重上菜的仪式感，抑或是刻画店小二的造型，都需要我们找到适合的表达方式。"醉美老板娘"的一家餐馆，就是很多食客都认为老板娘很漂亮，所以给老板娘起了这个名字，在整个视频中就是漂亮的老板娘怎么服务客户的人设。重复不断的拍摄就会有一定的曝光，我们常说，一招鲜吃遍天。对于餐饮美食账号，不需要有太多的特长，只要有一个特点能重复多次的展示就能成为观众的记忆点。这一点很重要。多去学习面馆、烧烤类的账号，相信你能悟到。

再说"唐猫庭院"的美女，特点是开啤酒。不同的客户，不同的演绎就是为了给客户开啤酒。跟客户之间的各种娱乐性互动，每天都有持续的内容。这样的账号对于店铺的引流有很大的作用。

烤茄子，烤肉串，烤面包都很常见吧，你吃过烤冷饮冰棍的吗？谁都知道会烤化了，但是拍成视频，目的不是为了让客户来吃烤冰棍。这个视频只是让观众参与，了解到你是做一家烧烤店，通过视频提高了店铺的曝光量。没有创意怎么办？多关注对标账号。全国那么大，多学习别人的创意，自己来演绎，如果有特点，有自己的人物擅长点是最好的。

餐饮账号的变现不仅仅是店铺引流，还有很多特色小吃可以通过视频吸引加盟商，为想入行餐饮业者提供技术培训。

　　路边摊小推车都可以通过抖音做爆。没有太多的技巧，就是本色出演，因为对于同城号来说，要有宁做鸡头不做凤尾的精神。你还可以通过直播来吸引客户，哪怕你的拿手活就是一个蛋炒饭，已经足够，一步手机架起来，边干活边直播，一举两得。这类账号没有太大的难度，就是很多人都没有开始行动。

　　如果你的餐饮非常有特色，在当地非常受欢迎，但是自己就是不会运营抖音，这个时候可以找抖音的服务商，还可以去找愿意帮你代运营账号的人。

　　如何通过直播间助力线下门店？抖音是24小时营业的线上门店，有一定规模的餐饮店一定要把抖音账号直播做起来，成立专门的直播部门在线上直播销售电子消费券，提高观众的购买转化率，提前把消费电子券销售给客户，即使客户最终没有来消费，过期自动给客户退款，作为店家也没有损失。

　　传统饭店只有中午晚市高峰就餐时段，忙的不可开交。但是餐饮店是否赚钱要通过翻台率来看。只有在周末和高峰就餐时间段，餐饮店的人流量才会带动翻台率，这也仅限于稍微有些名气的店铺。我们如何用非繁忙时段来获取客户呢？

　　上海金茂大厦自助餐厅的线上团购券通过抖音卖到爆，预约需要排号到三个月之后。麦当劳的线上直播间，单场直播8个小时，销售电子券500万元以上。

　　即使是单店一样可以通过直播来销售电子券，特别是有些连锁餐饮，线上直播能做好的话会给你带来不一样的销售额。

　　心动外卖是抖音布局外卖的一步好棋，互联网的争夺无非就是流量，抖音会大力扶持餐饮业，要想从美团等外卖平台争夺流量，一定要在内容呈现方式上有所突破，鼓励餐馆直播，这样相当于开了若干个透明厨房，让那些脏乱差以及食品质量无法保证的外卖商家越来越难。反之，那些用心做食品，辛苦付出的餐馆，机会来了。作为一个餐馆，在饭点能服务周边三五公里的客户用餐即可。从选择食材开始，到如何清洗，以及如何烹饪，将制作过程拍成短视频，让消费者看到，餐馆拥有这样一个抖音号就是向成功迈进了一步。

进入心动外卖小程序之后，会自动给用户匹配附近可以选择的店铺。可以根据口味、价位、人数等筛选，甚至商家可以推出包月包周的套餐，把客户这一周的工作餐都安排好了。商家无需等客户下单后再匆匆忙忙的去做菜，可以提前准备好，到了饭点按照地址配送，节约了用餐高峰时段的等待时间。

本地同城餐饮类账号，如果没有很好的创意，就用心做好饭菜，把特色菜做到极致，一定要用爆品思维来做。菜品未必要多，但是一定要有一两款特色，哪怕蛋炒饭做得比别的餐馆好吃。通过抖音就能形成自己的口碑，拥有稳定的客户群。

至此，抖音形成了**"短视频＋直播＋团购＋外卖"**的营销链路，为商家降低了获客成本增加了更多的玩法。

II　同城红娘号

跟大家分享一个相对轻松的蓝海账号运营——同城红娘号，这类账号非常适合同城个人运营，一个人一部手机就可以轻松创业。抖音的魅力在于工具的变革让信息沟通更顺畅，沟通成本更低。抖音是无区域限制的，可以做全国地区的婚恋账号，这里主要讲的是同城账号，运营思路都是一样的。

生活的节奏越来越快，快的让年轻人都没有时间找对象。宅男宅女让生活交际圈越来越小。因为没有合适的交际圈，在网上找朋友结婚在现在来说很正常。那么红娘号是怎么变现的呢？

视频的拍摄手法，主要有图文介绍、口播介绍以及其他相关视频的引流。账号定位：我是红娘。

账号起名一定要有"红娘""媒婆""相亲""征婚"等便于粉丝搜索和记忆。

个人号和企业号都无所谓，当然如果本身有婚介公司资质的使用公司账号会更有信任感。

流量的来源主要是短视频引流，把男生或者女生的基本信息写在屏幕上，拍摄很简单。唯一的技巧就是在付费推广上可以投抖加在所在城市。这类视频不追求有多大的播放量，只要粉丝人群精准。当然如果有创意，能做出更好的内容，有更多的播放量当然是最好的。

还可以在文案上使用地区关键词来写标题，主要就是地区＋相亲，地区＋找男朋友，地区＋找女朋友，地区＋红娘等等，当你看到我写的关于"关键词搜索"就能明白，一定是考虑到了针对粉丝的搜索习惯可以得到更加精准的曝光，相当于你在百度这样的搜索引擎免费投了一个广告（传统相亲网站无非就是推广了一个网址和相关征婚信息）。抖音完全可以自己做到这一点。但是切记不要放上征婚人照片，这里有可能涉及客户的肖像权，不是每一个找对象的人都愿意告诉全网的粉丝我在找对象。

还可以通过口播念出征婚人的简单信息，预告直播时间。

仅仅是有简单的征婚信息还是不够的，那么直播就像是为用户和证婚人提供一次线上见面的机会。

主播可以当征婚主持人，抖音开出来九宫格连麦画面，可以邀请男女征婚对象在直播间相亲。主播有权限连麦和限制连麦者发言，一场好的征婚直播，主持人一定要学会控场，如果有人来捣乱，影响了直播，就可以直接拉黑，确保直播间秩序的稳定。

征婚者可以在直播间详细交流，直接关注对方，相互了解，这个做法的变现模式，主要以粉丝的打赏为主，相当于把双方信息公开了。接下来我要分享的是，抖音红娘变现的方式。

主要有会员费用，收取线下相亲聚会活动费，相亲成功的还会收取双方的红包。甚至有很多新人结婚会邀请红娘到场祝贺。每个地方的风俗不同，以上海为例，会员收费318元/人。红包2600/人。一对情侣能通过红娘而走进婚姻殿堂，基本都会支付红包，一对就是5200元。更有慷慨之人，只要能谈到朋友，就会给红娘发红包。

假设一个账号每月能收取200名会员，就有六万的收入。而且边际成本很低。笔者专访过的一位上海红娘一个月有二十多万的收入。

如果用户要获取对方信息，就需要由红娘选择合适的相亲人，然后推荐给用户，先缴纳会员才有资格，不缴费的用户红娘则不会推荐。出于感恩，也有很多用户为了讨好红娘会送礼物打赏，这也是一笔收入。这个就要看主播的情绪调动和现场气氛。

红娘的角色就是中介，相亲双方对红娘的认可度越高越容易谈成。男女交朋友前期的信任度非常重要，很多人不是谈不来，而是最初的印象不好，所以没有办法继续谈下去。双方都要带着诚意，给予彼此了解的时间，多些包容，常说日久生情，如果红娘专业性够强，对双方有足够多的了解，则更容易为相亲者匹配合适的人选。

有经验的红娘会把征婚人的详细信息记录下来做成资料库，根据双方的择偶要求匹配更合适的对象给到征婚者。

直播时，选择的话题就是征婚，直播间可以询问需要征婚者的征婚要求和自身条件，便于红娘更深入的了解。同时想征婚的人也会在直播间默默地关注，女生相对比较含蓄，有合适的她们也会跟红娘说。也有很多父母来直播间帮助子女找对象，根据统计来看，愿意付费的女生比男生多。

同城账号运营相对比较简单，主播不是娱乐主播，更不是带货主播，所以直播的话题就是为别人征婚，没有固定的话术，只需要结合征婚者的要求进行交流。作为红娘要想做好直播，需要提高自身的专业性以及可信度。

征婚不仅仅只有年轻人，还有专门针对老年人征婚的账号，但是相对来说，主动付费的老人会相对少一些，这类账号也是可以做的，就是我们要根据自身条件来看更擅长做哪一个细分人群。

不必在意粉丝有多少，直播间有精准征婚者就可以。同城号直播方言反而更加亲切。

11　同城娱乐号

　　一切行业都是娱乐行业。让用户觉得好玩有趣是短视频的核心。实体的娱乐项目，永远是年轻人乐此不疲的。这类账号运营相对比较简单，因为自带了娱乐性，只要不断地拍摄并且上传作品，记录各种娱乐客户的视频，或者是关注"抖音城市玩家"发视频带话题（＃我发现的好地方）在＠抖音城市玩家，记得定位公开发布。

　　抖音其实就是在做分类信息，通过一系列的粉丝兴趣来为商家找到精准用户。

　　商家一定要把内容做好，让更多的粉丝愿意跟你互动。还记得微信点赞的玩法吗？

　　商家可以邀请客户一起来玩抖音。制作好抖音码，做一个属于自己店铺的话题，让用户扫码后拍摄视频，可以在入场前拍摄发布，离场买单时看用户的抖音播放量，直接给出相应的折扣或者奖励，这样每一个参与的用户其实都是在曝光

你的店铺。

如果我们在抖音有团购券，还可以推荐他们在抖音上团购，抖音的消费习惯用户已经养成，只要用户关注了你，当你直播或者发布视频的时候也会优先推送给这些用户，这将会提升用户的黏性。

还记得 2020 年春节期间的云蹦迪吗？抖音神奇到，用户可以带上耳麦在家里享受到迪厅的氛围。当然，真正喜欢蹦迪的用户还是会邀请三五好友来到线下，对于商家来说，无论是线上还是线下，这种玩法都可以提高店铺的知名度。品牌就是要经常出现，形成大量的曝光，才会让用户记住。

所以说，可以将抖音理解成你的一个广告入口，每一条视频都是一个广告，同城只是一个限制，抖音本身是不分地域的。如果针对外地的游客，到了一个城市，想要吃喝玩乐一样可以通过抖音来搜索他所想要消遣娱乐的项目。这个时候，只要我们的抖音账号有一定的视频内容，目标客户就可以找到我们。所以说，把实体行业当成娱乐项目来运营。抖音——一个非常好的流量入口。

▸ **Chapter 10**
成功案例分享和解读

世上不缺少美而是缺少发现美的眼睛，商业机会也是如此。

本章分享给大家的变现案例主要分为视频端和直播端。希望给大家一些启示。

抖音，不仅仅是记录美好生活

II 抖音案例分享

在抖音中各路玩家只要坚持就有机会赚钱。这里分享给大家的变现案例主要分为视频端和直播端。

案例 1

游戏账号一条视频变现 24 万。

抖音搜索全名任务在任务中心我们可以看到游戏发行人计划中，账号名称"大狗来了"单条视频点赞 63.5 万，转发 2.8 万，这个视频主要是为游戏方做推广，单条视频收益 24 万。

案例 2

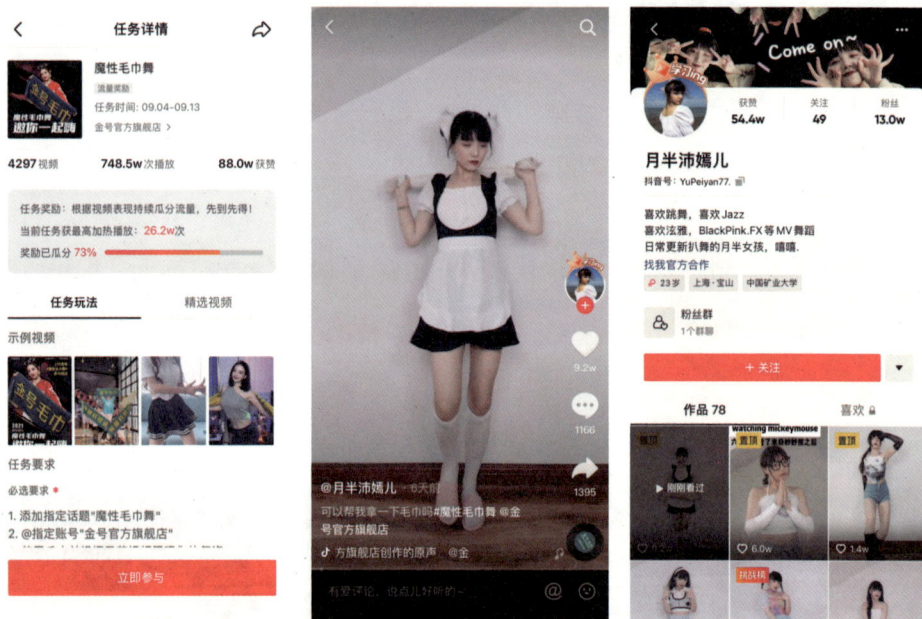

除了现金奖励，抖音还根据广告主制定了流量奖励。按照任务拍摄制作符合广告主要求的作品，抖音会有流量奖励，如果说流量就是钱的话，这一个作品就有 26.2 万的流量加热。

俗话说，外行看热闹，内行看门道。可能对于抖音初期的用户来说，看到的就是一个普通的美女视频，其实这样的视频就是在配合抖音做任务，根据作品的质量给予了更多的流量奖励，所以有时候播放量是可以通过做任务来得到官方推流的。

当然我们需要根据自己账号的风格来选择不同的任务，如果做任务的作品跟粉丝的兴趣点不一样，即使有了播放量，也会影响账号的质量，导致粉丝对你的认可度下降。

案例 3

大家可以看到汽车视频榜单上最高的一条视频收益是 6 万。我们经常看到的剧情号，其实是要根据任务来编剧和演绎。单从我们观看视频的角度，只知道这个视频里有软广告，却无法得知视频的收益。

汽车领域的广告投放还是比较多的，很多做车评类的是比较容易上手此类账号的。

我们接触短视频只是为了娱乐消遣，而视频创作者已经赚的盆满钵满。

并不一定是卖汽车的商家才可以创作汽车相关的作品。剧情号一样可以，在抖音上永远是谁能获取流量，谁就能赚钱，至于汽车质量的好坏，品牌的优劣我们根本不需要去研究明白，只要有广告主发布任务，我们就去接任务就可以，总体来说比较简单。

案例 4

吃，是我们每个人的本能，平台为了鼓励创作者来发布相关的话题，推出各种活动。例如家乡美食，美食分享官让每一个爱好美食的观众都能找到属于自己的那道菜。这个账号"小川"一条视频收益 6 万元，如果你认真去看他的

视频作品，你会发现没有太大的技术含量，但是别人去做了，所以就有了很不错的结果。

不仅有任务奖励，还可以挂小黄车直接卖货，一举两得。而且并不是一定要自己有商品才可以销售，我们从"小川的推荐橱窗"里就可以看出来，因为橱窗中的商品分别来自不同的店，这也是美食类账号变现的渠道之一。

案例 5

上面说到美食，那么我们再来看"小京哥在路上"这个账号。主角是一位非常热心的小伙，主要为乡村留守老人做菜，属于好人好事的剧情范畴。

虽然小京哥不是专业的美食博主，但他在视频作品中使用了海天酱油，在文案中提到了广告主的话题，@海天味业官方账号，这就是我们之前制作官方网站的"友情链接"中的超链接。也就是通过作品的流量可以指向海天味业的官方账号。这也是广告的一种，最终他这一个视频就获得了 2.9 万的收益，进入了

收益前三（笔者当下时间段 7 天内的数据）。

很多观众觉得他每次给大爷大娘做菜，成本也不低，并不知道他的收益来源于这里。

创作者树立了一个优秀的农村青年人设，如果

他直播的话，就可以选择在直播间挂上海天酱油或者是其他调味品，相信很多网友还是会选择在他这里购买。所以说抖音的商业路径就是要有流量，有了流量不要担心不好变现。

案例 6

之前说网店对实体店有很大冲击，那么抖音恰恰给了实体店第二次生命。西安是中国最佳旅游目的地、中国国际形象最佳的城市之一，也是一个网红城市。下面这个账号是朱师傅脆皮五花肉，我来看看他在抖音的变现模式。

从账号我们可以看出这是一家不折不扣的网红店，看视频就能让用户流口水。这也恰恰说明了个体户都可以入驻抖音，开通抖音小店，还可以通过抖音小店来做团购，通过直播把脆皮五花肉卖到全国。

如果他的商业模式里设计了招商加盟，估计会有很多人愿意教学费跟他学习，在当地开设线下实体店。但是如果没有短视频这个平台，仅仅是通过广告来招商，广告费将会是一笔巨大的开支，现如今，抖音给用户提供了很大的推广便利。

目前看到的数据是一个月直播三场，直播数据不是太理想，但是相信如果有专业的主播和运营，他的直播可以做得很好。

很多时候实体商家专注于产品，在营销上容易出现短板。但是作为一个实体店，在短视频端的运营算是很成功的。

案例7

为什么说抖音短视频是众多小微企业的机会？个体化的创业者本身没有广告推广意识，传统的DM等需要消耗大量人力物力，还未必会达到效果，但是在抖音可以轻松实现让更多人了解到你的目标。这个账号"沂蒙香妹儿"，创作者应该是一个90后小女生，作品的内容以为六七十岁的奶奶做煎饼为题材，带的货也是以粗粮煎饼为主。

作品的拍摄就近取材，谈不上任何创意，非要说有创意的就是有点夸张的配音对白"哎呀，这个煎饼太好吃了……"2021年7月1日开始做的账号，截止9月份虽然只有68个作品，但是带来的销售额可不低。这个作品告诉我们，其实任何行业都可以在抖音上获取免费流量，只要我们坚持用心创作，小微企业和个人创业者都会得到很可观的流量。

我们把她的视频全部看完之后会发现，没有任何技巧，就是说你所说，做你所做，简单重复。还记得脑白金的经典广告语吗？其实商业没有那么复杂，大品牌的广告策略也是如此，让大家记住并且多次曝光。我们外地的朋友可能吃不惯这样的煎饼，但很多在外打拼的家乡人，看到这样的视频就会选择购买，那是家乡的味道，也是熟悉

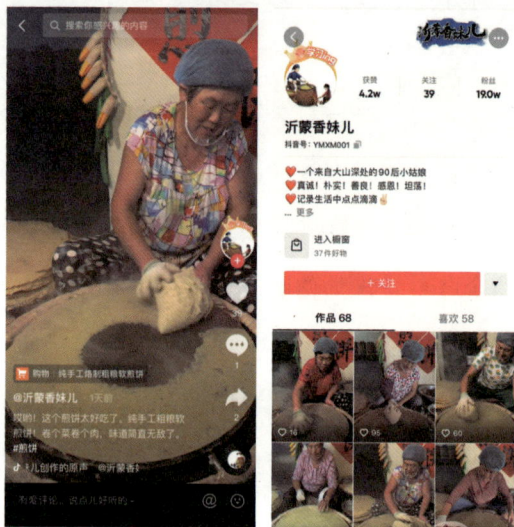

的口味。

通过第三方软件我们看到直播数据也是非常可观。

一个月 GMV 是 93 万，按照这个预测一年也有 1000 万的销售额，抖音或许是普通创作者最容易上手的平台。

案例 8

一个普通的手艺人，可能他不会想到，祖辈们遗传下来的手艺活，可以通过抖音传播并将自己编制的竹制品销售到全国各地，还供不应求。

账号"竹编工艺《老篾匠》"证明手艺人在抖音是非常有流量的，对于出生在农村的人来说，会些手艺是比较正常的事情，但这些是很多人从来没有见到过的，而这些人都会为他的手艺点赞。市场本身就是存在的，要看我们怎么获取客户，交易的场景从集市转变到线上，客户的购买渠道从其他电商平台到抖音，而在抖音，有时候客户买的还不一定是自己当下想要购买的商品，可能是喜欢，抑或是兴趣，抖音触发了更多的交易机会。

我们看到创作者抖音店铺里销售的都是自己的

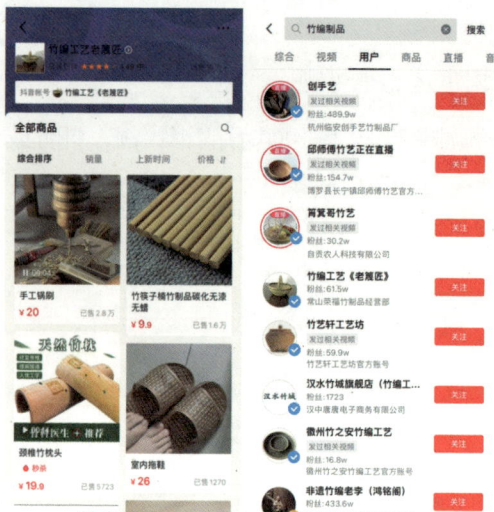

手工艺产品。价格不高，很多用户不需要考虑，看到视频直接下单，手工刷锅竹单品 GMV 达到 56 万。

此类账号还有很多，无论你是做哪个行业的，竞争永远是存在的，但是不影响你在抖音上的商业变现，还可以通过接星图任务来变现。

案例 9

宝妈在抖音上有着巨大的用户群体，同时相关育儿的知识也是她们所热衷的，这个账号"菜头青育儿"。创作者本身就是普通的宝妈，话题主要以孩子为主，粉丝 6.9 万，创作账号只有半年就得到了很多关注，直播带货也有不错的收益。

这类账号跟专业的育儿师或专家还是有很大差别的。作为普通的创作者，我们仅需做相关知识的搬运工，加上自己的理解就可以。案例不分享专业的账号是因为专业的相关行业从业者，知识比较全面，镜头表现力或者直播能力都是普通人无法比拟的，而且她们基本都是有团队的，可比性不太强，但可以把她们当做榜样。

下面来看一下她的直播数据。

内容主要是文具，作业本相关的佣金基本在 30% 左右，一个月三五万的收益还是稳定的。所以我们常说，做抖音不要一上来就盯着那些大主播，大网红来做对标账号，相对宝妈来说，这类账号还是比较容易复制的。

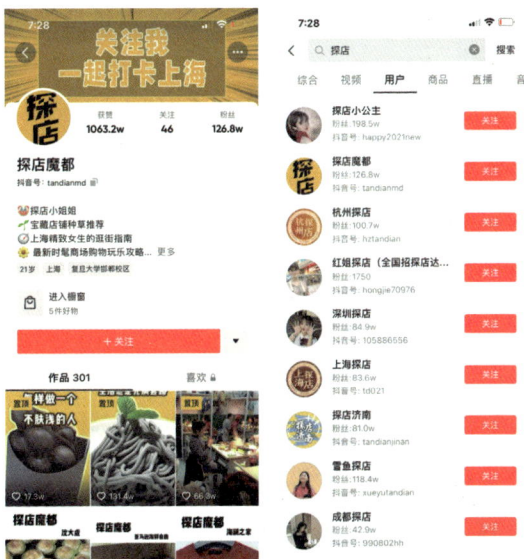

案例 10

没有口才，没有颜值，没有产品，不会直播，更没有团队……那么我们怎么在抖音变现呢？吃喝玩乐在每一个城市都存在的吧。看看探店达人，收入可能要比你开一家饭店，豪华健身房都要多。前面我们多次提到了一切生意的本质是流量。我不需要有一家店，就可以把这个城市的美食以及好玩的店铺通过体验制作成视频，分享给观众就会有很高的收益，特别是在一二线发达城市，当一条视频火了之后，可以让这家店铺的团购券预约到几个月以后。

这类账号，创作者拿一部手机就可以创业，只需要把整个过程拍摄下来，回来慢慢剪辑、配音。创作起来真心不难，难的是我们一定要做。成本不高，自己也享受了吃喝玩乐。

案例 11

直播卖服装，卖食品，卖日用品我们可以看到很多账号都在做，那么装修类石材瓷砖这些可以在抖音上直播销售吗？相对比较专业的产品我们来看看"佛山市王多鱼瓷砖"。

通过抖音获取需要装修的准客户，可能是家装，工装的散客，也有装修公司的大客户，从抖音的公域流量引流到线下成交，还能培养长期的装修公司的老客户，工厂直发到工地。这样的模式改变了传统家居装修建材市场的传统销售模式。如果你有工厂，也可以尝试抖音直播。

案例 12

深圳的"阿祥炒粉"就是非常普通的地摊小炒，产品也很单一，但是看到他的直播之后就可以理解，这样的账号没有太多奢求，只是希望通过抖音让自己的生意红红火火。在当地方圆三五公里，没有人不知道他，通过抖音，也让更多的人认识了他。抖音是一个可以让创作者生意火爆的工具。

案例 13

再一次强调，抖音是个流量入口，只要有流量，没有什么商品和服务不可以在抖音上实现变现。普通商品可以销售，房产汽车当然也一样可以。房产中介不仅仅是靠门店，摆摊，发单页去拉客户。

"娜聊房产"的主人公就是一位房产中介从业者，在抖音上分享买房的各种知识，虽然不能直接挂上小黄车销售房产，但是在抖音上吸引了大量找她买房的准客户，因为专业，所以值得信赖。如果你也正在从事房地产销售方面的工作，可以了解一下她是如何变现的，据说抖音上引流过来的客户就已经让她年赚百万。

房产这类知识在线上比较容易获取，在直播间为准客户答疑解惑，甚至是根据买房者的需求推荐合适的楼盘，推荐成功了就会得到佣金。

案例 14

　　"安慕雪牛排"创始人大勇，以短视频作品为流量入口，每天晚上8点直播，直播的内容是切牛肉片，并且直接售卖。

　　当然这里还是要看我们自身的资源，要有供应链的优势，如果没有，可以选择帮助别人去做。

案例 15

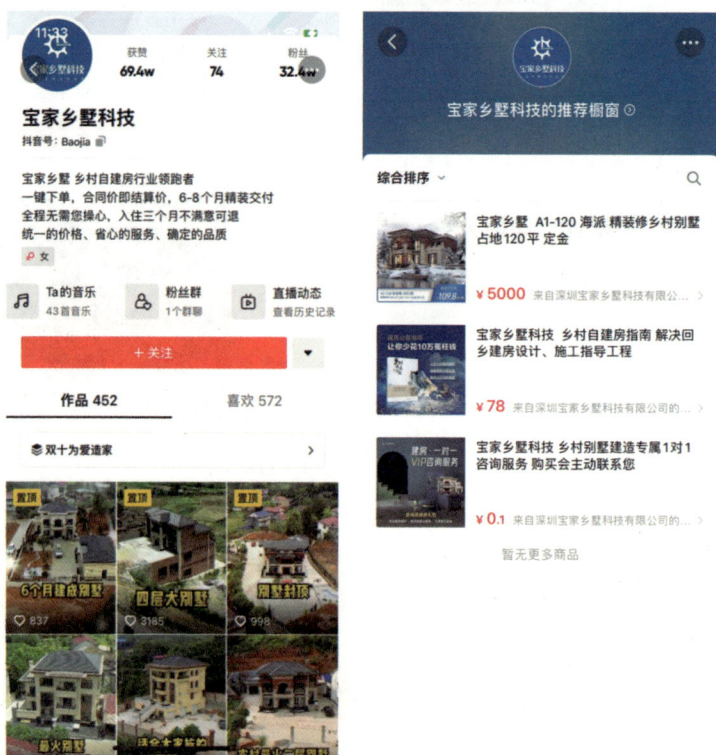

　　除了可以在直播间卖房之外，现在有很多人想在家乡自建房。只要用户有住宅基地，就可以选择抖音上的套餐，有设计师帮用户设计好，附带建筑图纸，按照用户的预算全包建好，还可以在直播间给用户讲解方案。这远比创作者每天销售9.9要强得多，两者的性质不用之处就是后者，"三年不开张，开张吃三年"。"宝家乡墅科技"是此类型中值得学习的账号。

案例 16

把产品的制作工艺搬到直播间，例如我们生活中经常用到玻璃杯子、玻璃花瓶。把吹玻璃的制作过程直接拍摄出来，吸引大量用户观看、点赞，同时也让用户了解了花瓶制作的方法。除此之外，还有很多制作工艺可以吸引到用户，例如我们平时在生活中用到的筷子，很多上面都有文字，这便是运用了激光打字技术，将激光打字过程进行直播，相信也会吸引到很多用户。

这个案例值得我们很多开工厂的老板学习。

日用品，塑料制品等制作生产过程都可以直接直播销售，解决了用户新鲜感的同时，也会吸引用户购买。

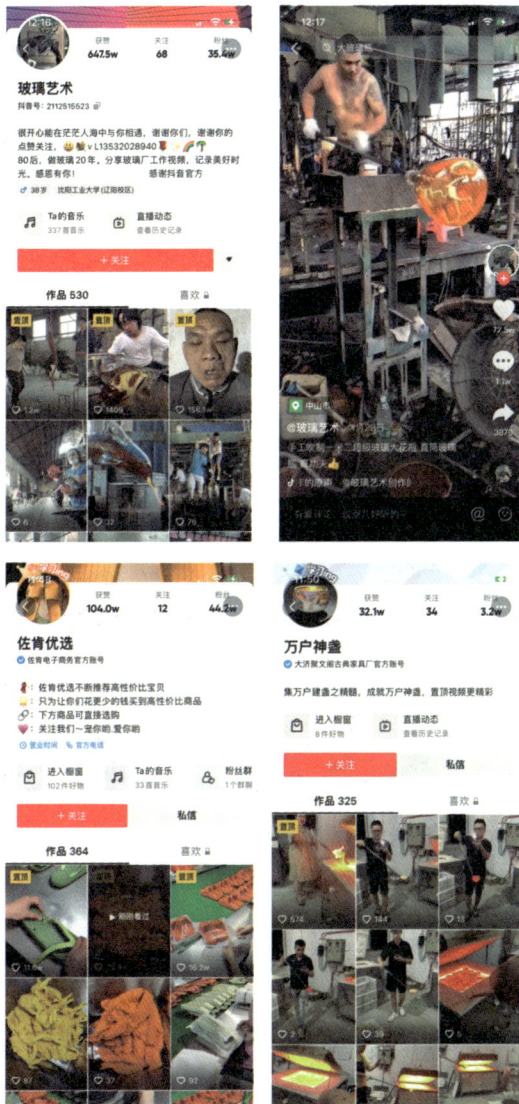

案例 17

媒婆是我们较为熟知的职业，撮合男女双方，帮助他们找到合适的对象。互联网的崛起，让很多交际圈比较小的年轻人尝试着在网络上找对象，因此出现了很多相亲平台，例如"百合网""世纪佳缘"等。在本书中有一个章节是讲抖音红娘的变现模式，让我们来看一下"玲妹儿（红娘）"具体是怎么做的。

她的直播间就类似于湖南卫视相亲节目的缩小版。主播就是现场主持人，打赏音浪或者连线上麦的机会，千万不要小看这个打赏，收入也相当可观，这种类型的账号创业门槛相对来说是非常低的，甚至不用占用太多时间，仅仅是业余时间来做就可以。

案例 18

专业型、小众的商品虽然不容易爆单，专业型比较强，受众人群比较窄，但是人群定位比较精准，所以收入也是很可观的。理发剪刀只有理发师会购买，客单价比较高，利润接近 50%，我跟刀磨剪刀行的老板聊过，他改变了付费思维，每天的直播间推送的人群也是非常精准，成交额从原来的每场两三千直接涨到一万左右。

	直播场次	开播时间	直播时长	观看人次	人气峰值	uv价值	商品数	销量(件)	销售额
	很高兴认识你	09-08 22:20	2小时55分55秒	7,447	125	1.40	20	17	1w
	很高兴认识你	08-17 21:58	4小时3分54秒	6,425	102	1.59	22	17	1w
	很高兴认识你	09-11 22:31	3小时27分11秒	8,166	146	0.93	18	12	7,560.00
	很高兴认识你	09-06 22:03	3小时7分1秒	5,966	72	1.08	21	13	6,352.00
	很高兴认识你	09-07 01:10	40分33秒	487	18	7.13	7	6	3,472.00
	很高兴认识你	08-20 22:02	4小时3分52秒	5,112	107	0.68	21	8	3,453.00
	很高兴认识你	08-16 00:37	1小时34分15秒	1,322	29	2.47	13	9	3,261.00
	很高兴认识你	09-12 22:27	-	2,981	48	0.99	21	7	2,946.00
	很高兴认识你	09-09 22:13	2小时18分10秒	1,869	28	1.54	13	7	2,865.00

案例 19

销量(件) 1,868　　销售额 44.6w

	直播场次	开播时间	直播时长	观看人次	人气峰值	uv价值	商品数	销量(件)	销售额
	100w家长正在学习	09-17 09:03	1小时48分27秒	2.1w	1,062	2.53	1	174	5.2w
	100w家长正在学习	09-16 16:30	1小时28分27秒	1.7w	885	1.42	1	81	2.4w
	100w家长正在学习	09-16 13:04	1小时13分	1.9w	1,095	0.70	1	43	1.3w
	100w家长正在学习	09-16 09:04	1小时37分32秒	3.3w	161	1.05	1	116	3.5w
	100w家长正在学习	09-15 14:00	1小时49分23秒	2w	652	2.33	1	152	4.5w

　　线上教学一定是要教孩子吗？家长在辅导孩子的时候，有些课题和技巧也需要脑补，以教小学数学为内容的老师在抖音是如何变现的？

　　我们看看"教数学的张老师"，直播内容：小学1~6年级奥数思维。视频分享各类数学题解技巧，直播时方便家长和学生互动。销售录制课程，边际成本非常低，产品利润可以说是百分百。

　　一个月的销售额达到40万。

这种类型的账号粉丝黏性是非常高的，后期购买的可能性更大，价值更高。

案例 20

"玉玉工具优品严选"主要是直播销售电动工具。传统的工业产品销售中显得比较生硬，产品就是扳手，螺丝刀等，用户人群画像基本为男性，由女性来销售该类产品增加了直播间的气氛，直播间观众参与度比较高。

如果我们正在经营一家这样的实体五金店，也可以通过抖音来直播。你可能会说，没有场地，没有人员，不会做……等各种理由，看她的直播数据可以发现，这些理由根本不是问题。

通过上面 20 个案例的分析，相信大家已经知道怎么去分析账号了。接下来我再给大家筛选 20 个各行各业有特点的账号，分析并找出他们的成功之处。很多时候我们说，看别人的案例，做自己的账号，看多了，就能触类旁通。还是那句话，动起来，就会有结果。

	直播场次	开播时间	直播时长	观看人次	人气峰值	uv价值	商品数	销量(件)	销售额
	一米送不停	08-20 11:29	2小时47分40秒	32.9w	6,970	0.36	41	4,456	11.9w
	一米送不停	08-19 11:29	3小时32分36秒	20.9w	4,160	0.41	49	3,097	8.6w
	一米送不停	08-31 11:45	3小时22分53秒	22.2w	3,632	0.30	44	1,329	6.7w
	一米送不停	08-22 11:29	3小时36分49秒	16.2w	3,340	0.37	54	2,434	6.1w
	进来一米抢不停	09-11 11:38	3小时42分47秒	37.3w	6,260	0.16	54	1,669	6w

销量(件) 3.4w　销售额 111.2w

在案例中，我们不仅要看视频作品是如何表现的，更要看懂账号背后的变现模式。很多粉丝多的账号也是一步一个脚印做起来的，从个人创业起步，到了后期，因为工作量加大，才开始建立起团队，并复制做起了矩阵账号。我们可以使用抖音扫码，来研究这些账号的成功之处。

母婴类

@丢东西大王
抖音号：Mengjr0612
💛分享我们的日常💛

@小小鹰萱妈（书展期间随时关注...
抖音号：886117506
存读委员＋图书内容运营＋育儿分享

@朱两只吖
抖音号：zz1605
谢谢你的关注和送给我们的小❤❤

美食类

@喜哥喜嫂每天晚上8点左右直播
抖音号：dy4444455555
每晚7点~12点准时开播福利送不停🔥🔥

@🌸傲寒
抖音号：aohan0731
饲养员日常

@大脸妹格格
抖音号：dagege18
🌺周一、三、五晚10点直播 好吃的都在橱...

美妆类

@哈搜先生
抖音号：Mr.haso
护肤第一，化妆第二。

@美希（18号中午12点家纺千万...
抖音号：88mei666
9.18中午12点 家纺大场 千万s级补贴（手...

@抱不动的圆圆（17号19点直播）
抖音号：yy960507
爱讲大实话，不接受脚本定制

健身类

@陶金形体礼仪
抖音号：Tjxt118
直播时间：每天早08:00晚19:30

@健身女神月儿
抖音号：188128345y
我是每天都在直播教健身带课的主播

@阳阳形体气质教育
抖音号：yang8875
直播时间

宠物类

@我有一朵李多多
抖音号：DogDogLee
专门找哪里可以带狗狗玩，宠物友好场景...

@可乐不是哈士奇
抖音号：Tangtang960926
平安喜乐。富贵无忧。

@宠达人
抖音号：2148981976
达人严选，品质宠生活，把控优质宠物...

家居类

@南通美宁家纺
抖音号：yqg1314520
直播时间：每晚18:00

@春哥严选家居
抖音号：chungeaijiaju
◉21年家具商，库存家具直播带货第一人

@哎呦配家居
抖音号：SYY1983
❤80后设计师-哎呦

二次元

@Tom 漫剪
抖音号：LY2936225044
❤专注猫和老鼠

@沙雕嘟嘟
抖音号：sduu
👆该用户已经关注了你。

@花花漫剪
抖音号：200497162
阿花喜欢剪一些精彩镜头，请放心食用

旅游类

@小云龙（旅拍）
抖音号：kd6888168
我爱抖音❤

@环球小球球
抖音号：106242664
实力宠粉（粉丝必须第一批进图）

@普陀山小帅
抖音号：putuo6
参加心语团、酒店预订、私人订制游，进棚窗

三农类

@心农园
抖音号：385129930
📢我是心农园供应链创始人

@阿向海钓赶海
抖音号：1876905052
海钓 赶海 带你体验海边生活乐趣 品味海洋…

@小乔家胖大哥
抖音号：pang228899
俺就是一个农民工，别的啥也不会，就会带…

剧情搞笑类

@疯癫办公室
抖音号：1284156608
吉林南部的一家商贸公司

@平哥平嫂
抖音号：pinggepingsao
我们是普普通通的两口子

@周大爷不服老！
抖音号：VIMARK
💚13080700898（商务+饭店订位）

测评类

@陈泥玛评测
抖音号：cnmpc666
全网最暴躁的打假测评！

@老爸评测
抖音号：daddylab
独立评测+科普，全网同名：老爸评测。

@星仔美食测评
抖音号：1162568933
🐟50W粉丝测评鲆鱼罐头伴牛欢喜刺身

世上不缺少美而是缺少发现美的眼睛，商业机会也是如此。

II　一条视频赚千万

　　豪车毒老纪，相信经常刷抖音的朋友并不陌生。以"变态"的服务至上的态度，让凡是在他这里买过豪车的客户最终都成为他的朋友。豪车的价格不菲，客户更在意的是售后服务，因此也让他只有十几个人的团队销售量远远超过 4S 店。老纪在抖音上分享的是他服务客户的点点滴滴，他并没有像其他汽车 4S 店销售员一样，只是讲解汽车的配置，他打造的是一个卖豪车老板的个人 IP，可以说是非常成功的 IP 代表。

在信息越来越透明的时代，商品是有标价的，特别是豪车这类商品，它们的价格是非常透明的，无论你是在哪家店购买，价格基本都差不多。大家缺的不是车，而是客户。老纪的人设，让我们对他有一个很深的印象，就是找老纪买车靠谱。豪车的车主们担心的不是车子本身的品质和性能，而是出了问题销售方的态度，或者说是买车的时候不喜欢被套路。老纪就是实实在在为客户着想，急客户所急的卖家。

我们经常说，解决销售的最大问题就是赢得客户的信任。老纪的口碑在豪车圈也是相当好，因为他就是说自己所说，做自己所做。

豪车的品牌广告已经不需要经销商再去做推广了，推广的是如何找到准客户。客户的需求无非是省力、省时，能省钱那就更好了，而老纪刚好符合。

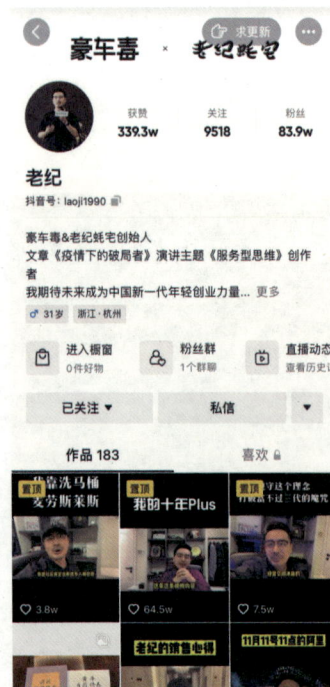

"世界抬杠冠军大蓝"跟老纪是好朋友，凭着500多万的粉丝基础，帮助老纪录了一条自己在老纪那里购买豪车的视频，视频分享之后更多的人认识了老纪，这条视频保守来说帮助老纪卖车1个亿。（不过这条相关视频已经被隐藏，涉嫌抖音炫富的规则）

在这样的情况下，很多准客户会关注老纪，等有实力可以买豪车了，就会直接来找老纪。老纪对车子的品牌、价格、性能等专业程度或许还高于很多 4S 的销售员，而且立场不同导致思考的问题也完全不一样，老纪相当于买手，帮助客户挑选合适的车型，不受品牌限制。但是 4S 店销售仅限于本品牌的车型，销售员可能对其他竞争品牌还有抵触或贬低行为。

老纪的抖音账号 2020 年 10 月份开始运营，目前拥有 81 万粉丝。很多粉丝关注他，不仅仅是想将来可以成为老纪口中的"尊敬的库里南车主"，他们还特别想学习老纪的经商思维。

老纪直播时聊的话题也比较广泛，甚至关于车子的话题很少。即使这样，并不影响老纪把豪车卖得很好。很多观众因为抖音而认识老纪，成为老纪的微信好友，甚至给老纪推荐客户。老纪的抖音号成了传播老纪豪车毒的一个巨大流量入口。

老纪就是豪车毒的品牌形象代言人，这个 IP 告诉我们如何真正去做好一个个人 IP 账号，要想实现商业变现，一定要不同于 pk 主播的打法。应该是"真实，利他"而不是靠角色扮演的人设，一旦露馅就是人设倒塌的时候。能够通过你的分享给予粉丝提升认知，改变思维的意见领袖才能称得上是一个成功的个人 IP。

说了老纪的故事，那么我们普通的创业者，或者中小企业主，应该思考的是我们能为哪一个群体的观众赋能，为他们提高价值输出，这才是 IP 的核心。